KUCHAŘKA PEČENÍ CHLEBA PRO ZAČÁTEČNÍKY

100 neuvěřitelných receptů s plnobarevnými obrázky, které uspokojí vaši zvědavost a stanou se mistry v umění pečení chleba

Stanislava Šulcová

Všechna práva vyhrazena.

Zřeknutí se odpovědnosti

Informace obsažené v této eKnize mají sloužit jako ucelená sbírka strategií, o kterých autor této eBooku provedl výzkum. Shrnutí, strategie, tipy a triky jsou pouze doporučeními autora a přečtení této e-knihy nezaručí, že vaše výsledky budou přesně odrážet výsledky autora. Autor e-knihy vynaložil veškeré přiměřené úsilí, aby čtenářům e-knihy poskytl aktuální a přesné informace. Autor a jeho spolupracovníci nenesou odpovědnost za jakékoli neúmyslné chyby nebo opomenutí, které mohou být nalezeny. Materiál v elektronické knize může obsahovat informace třetích stran. Materiály třetích stran zahrnují názory vyjádřené jejich vlastníky. Autor e-knihy jako takový nepřebírá odpovědnost ani odpovědnost za jakýkoli materiál nebo názory třetích stran. Ať už kvůli rozvoji internetu nebo neočekávaným změnám ve firemní politice a směrnicích pro zasílání redakcí, to, co je uvedeno jako fakt v době psaní tohoto článku, může být později zastaralé nebo nepoužitelné.

Elektronická kniha je chráněna autorským právem © 202 2 se všemi právy vyhrazenými. Je nezákonné redistribuovat, kopírovat nebo vytvářet odvozené práce z této e-knihy jako celku nebo zčásti. Žádná část této zprávy nesmí být reprodukována nebo znovu přenášena v jakékoli reprodukované nebo znovu přenášené formě v jakékoli formě bez písemného vyjádřeného a podepsaného souhlasu autora.

OBSAH

OBSAH 3

ÚVOD 8

KYSNUTÝ CHLÉB 10

   1. Ovesný zákvas 11
   2. Bramborový kvásek 13
   3. Čočkový zákvas 15
   4. Italiano 18
   5. Rozmarýnový chléb 21
   6. Sýr a sezamový chléb 24
   7. Kváskový chléb se zeleným čajem 27
   8. Anglický pšeničný kváskový chléb 29
   9. Mrkvový chléb 32
   10. Olivový chléb 35
   11. Ovesný chléb 38
   12. Čočkový chléb 40
   13. Sladký karlovarský chléb 42
   14. Gugelhupf 45
   15. Brioška 48
   16. Pšeničné housky 51

ŽITNÝ CHLÉB 54

   17. Žitný chléb 55
   18. Levain 57
   19. Žitná Ciabatta 60
   20. Francouzský selský chléb 63
   21. Oříškový chléb 66

22. Ruský sladký chléb 69
23. Dánský žitný chléb 71
24. Ořechový chléb 74
25. Špaldový chléb s pomerančem 77
26. Anýzový chléb 80
27. Slunečnicový chléb 83
28. Pivní chléb 86
29. Křupavý žitný chléb 89
30. Chutný křupavý chléb 91
31. Tenké krekry 94
32. Bramborový chléb 97

Špalový chléb 100

33. Špaldový kvásek 101
34. Gail's rýže a chleba ze špaldové mouky 104
35. Špaldový kvasnicový chléb 106

Grilovaný chléb 109

36. Slanina čedar grilovaný chléb 110
37. Peperonata grilovaný chléb 112
38. Grilovaný chléb s rajčaty 116
39. Grilovaný chléb a rajčata 118
40. Grilovaný chléb a guacamole 120
41. Grilovaný chléb s kachním sádlem 122
42. Grilovaný chléb s lilkem 124
43. Grilovaný kardamomový chléb Nan 127
44. Grilovaný cheddar rozinkový chléb 130
45. Grilovaný sýrový chléb potěšení 132
46. Grilované bramborové placičky 134
47. Rohlíky francouzské na grilu 137

48. Spamový grilovaný sýr hrdina 139
49. Grilované Panini 141
50. Grilovaný rančový chléb 144
51. Bylinkový cibulový gril chléb 146
52. Česnekový chléb na grilu na pepři 149
53. Grilovaný chléb Sofrito 151
54. Grilované hříbky se žloutky 153
55. Grilovaný kukuřičný chléb 155

BRIOCHE 157

56. Americká brioška 158
57. Brioška pletená 162
58. Ovocná a ořechová brioška 166
59. Vanilková brioška 169
60. Bramborové "briošky" 173

PITA CHLEB 176

61. Základní pita 177
62. Hovězí pita 180
63. Zlatý chléb pita 184
64. Domácí řecká pita 187

FOCACCIA 191

65. Jablečná focaccia 192
66. Základní focaccia 197
67. Bazalková spirálová focaccia 201
68. Stroj na chleba focaccia 205
69. Sýrová focaccia 208
70. Snadná bylina focaccia 211
71. Focaccia-vegetariánská 214
72. Focaccia bylinková cibule 216

NAKLÍČENÝ CHLÉB 219

73. Chléb z vojtěškového klíčku z dýňového semene 220
74. Naklíčený chléb 222
75. Chléb z pšeničných klíčků 225

PLOCHÝ CHLEB 228

76. Chléb plněný špenátem 229
77. Sýrový a bylinkový chléb plochý 232
78. Křupavý kukuřičný plochý chléb 235
79. Etiopský plochý chléb (injera) 238
80. Italský plochý chléb (focaccia) 241

TORTILLAS 244

81. Modré kukuřičné tortilly 245
82. Sýrové a kukuřičné tortilly 249
83. Kukuřičné tortilly 252
84. Tortilly z mouky bez tuku 255
85. Domácí moučné tortilly 258
86. Nízkotučné tortilla chipsy 261
87. Španělská tortilla 263
88. Celozrnné tortilly 265

KUKURIČNÍ CHLÉB 268

89. Apalačský kukuřičný chléb 269
90. Modrý kukuřičný chléb 272
91. Sýrový kukuřičný chléb 275
92. Karibský kukuřičný chléb habanero 278
93. Mrkvový chléb kukuřičný 281
94. Brokolicový chléb kukuřičný 284
95. Bazalkový chléb 286

96. Základní kukuřičný chléb 289
97. Chilský sýr kukuřičný chléb 292
98. Černý pepř kukuřičný 295
99. Černá pánev kukuřičný chléb 298
100. Apalačský kukuřičný chléb 301

ZÁVĚR 304

ÚVOD

co je chléb?

Chléb je opravdu jednoduché jídlo, které se jí po celou historii. Od starých Egypťanů, kteří jej objevili, až po britské rolníky, kteří společně přiváželi těsto do místní pekárny , a dokonce způsobili národní revoluci ve Francii. Chléb je důležité, ale chutné jídlo, které je velmi oblíbené.

Jak pečete chleba?

Recepty na chléb mohou být vyrobeny s minimem přísad: typicky kvasnice; pšeničná nebo nepšeničná mouka (nebo bezlepkové náhražky); voda nebo jiné kapaliny; a případně sůl. V tomto krátkém seznamu mohou recepty zahrnovat různé zajímavé přísady přidané do struktury těsta, jako jsou vejce, mléko, máslo, příchutě a nepšeničná zrna. Další lze přidat po vytvoření struktury těsta, jako jsou semínka, ořechy nebo sušené ovoce, a vytvořit tak tisíce jedinečných odrůd. Tyto přísady jsou vyjádřeny jako procentuální poměr k mouce, pekařskou procentuální metodou nebo jednoduše hmotností a/nebo objemem.

Odkud se vzal chléb?

Legenda říká, že ve starověkém Egyptě byla mokrá pšenice ponechána na teplém kameni, pravděpodobně náhodou. O několik hodin později se farmář vrátil a zjistil, že směs nakynula. Egypťané experimentovali s pečením a přidáváním soli, aby narazili na první recepty na chléb. Nejstarší známky chleba jsou datovány do doby kolem roku 9500 př.nl.

Je známo, že v této době se pěstovala pšenice a další obiloviny. Lidé si v této době byli jisti vařením na ohni, proto bychom očekávali, že se vyráběly nějaké bochníky nebo rohlíky, ale není to 100% prokázáno.

Komerční pekárny byly objeveny v Řecku z roku 1700 před naším letopočtem. Pokud máte zájem dozvědět se více o historii chleba, je zde zajímavý článek na The Spruce Eats.

KYSNUTÉ CHLEBY

1. Ovesný zákvas

Ingredience

- 1 šálek (200 ml) ovesných vloček
- ¼ šálku (50 ml) vody, pokojová teplota
- 2 jablka, oloupaná a nastrouhaná

Pokyny

a) Ovesné vločky rozmixujte v mixéru, dokud nedosáhnou konzistence podobné mouce.

b) Ingredience smícháme a necháme 2–4 dny odstát ve skleněné nádobě s těsně přiléhajícím víčkem. Míchejte ráno a večer.

c) Startér je hotový, když směs začne bublat. Od této chvíle stačí těsto „krmit", aby si zachovalo chuť a schopnost kynutí. Pokud necháte kvásek v lednici, měli byste ho jednou týdně zakrmit ½ šálkem (100 ml) vody a 1 šálkem (100 g) ovesné mouky. Pokud necháte kvásek při pokojové teplotě, měl by být krmen každý den stejným způsobem. Konzistence by měla připomínat hustou kaši.

d) Pokud vám kvásek zbyde, můžete ho zamrazit v nádobách, do kterých se vejde půl hrnku.

2. Bramborový kvásek

Ingredience

- 2 středně velké brambory, oloupané
- 1 lžička medu
- 1 lžíce špaldové mouky, prosáté

Pokyny

a) Brambory promíchejte, dokud nebudou připomínat kaši. Vmícháme med a špaldovou mouku.

b) Směs uchovávejte ve sklenici s těsně přiléhajícím víčkem. Míchejte ráno a večer.

c) Výroba tohoto kynutého těsta trvá obvykle o něco déle než ostatní, ale za ten čas navíc to rozhodně stojí. Bude to trvat 5-7 dní, než bude hotovo.

d) Startér je hotový, když směs začne bublat. Od této chvíle stačí těsto „krmit", aby si zachovalo chuť a schopnost kynutí.

3. Čočkový zákvas

Ingredience

Den 1

- ½ šálku (100 ml) sušené zelené čočky
- ½ šálku (100 ml) vody, pokojová teplota
- 1 lžíce špaldové mouky, prosáté

Den 2

- ½ šálku (100 ml) vody, pokojová teplota

Pokyny

a) Tyčovým mixérem čočku rozmixujte, dokud nezačne připomínat mouku. Přidáme vodu a špaldovou mouku.

b) Směs nalijte do sklenice s těsně přiléhajícím víčkem.

c) Přidejte vodu. Dobře promíchejte a nechte 2–4 dny stát ve skleněné nádobě. Míchejte ráno a večer. Startér je hotový, když směs začne bublat. Od této chvíle stačí těsto „krmit", aby si zachovalo chuť a schopnost kynutí.

d) Zakryjte dno skleněné nádoby organickými rozinkami. Přidejte vlažnou vodu tak, aby byla nádoba naplněna téměř do dvou třetin. Zajistěte těsně přiléhajícím víkem.

e) Nechte sklenici při pokojové teplotě asi 6–7 dní, dokud se neobjeví znatelné bublinky kvasinek. Počáteční proces se může lišit v závislosti na teplotě v místnosti.

f) Směs zamíchejte. Vložte do vzduchotěsné nádoby a nechte stát 3 dny při pokojové teplotě.

g) Kvásek můžete také sušit. Na plech položte list pečícího papíru. Zakryjte ho tenkou vrstvou kvásku (1–2 mm). Vložte ji do trouby a zapněte světlo trouby. Nechte v troubě, dokud kvásek úplně nevyschne (to bude trvat dvanáct až dvacet hodin). Suché těsto pak rozdrobte, vložte do dózy a přikryjte pokličkou. Nádobu skladujte při pokojové teplotě v suchém prostředí.

h) Když jste připraveni k pečení, smíchejte několik lžic suchého těsta s 1 šálkem (200 ml) vody a 1 ½ šálku (200 g) mouky. Další den budete mít „aktivovaný předkrm kvásku".

4. italština

Udělá 3 bochníky

Ingredience

Den 1

- ⅔ šálku (150 g) vody, pokojová teplota
- 2 šálky (250 g) pšeničné mouky
- 1 ¾ čajové lžičky (5 g) čerstvého droždí

Den 2

- 9 šálků (1,1 kg) pšeničné mouky
- 2 šálky (500 ml) vody, pokojová teplota
- 12 oz. (350 g) předkrm z pšeničného kvásku
- ½-1 lžíce medu
- ½ polévkové lžíce (10 g) soli

Pokyny

a) Ingredience dobře promíchejte. Těsto necháme v lednici kynout asi 12 hodin.

b) Do těsta, které bylo připraveno předchozí den, přidejte všechny ingredience kromě soli. Hněteme do elasticity a přidáme sůl.

c) Těsto rozdělíme na tři části a vytvarujeme kulaté bochánky. Bochníky jemně namáčejte v mouce a dejte na vymazaný plech.

d) Bochníky necháme kynout v lednici asi 10 hodin.

e) Chleby pečte při 475 °F (240 °C) po dobu 25-30 minut.

5. Rozmarýnový chléb

Udělá 1 bochník

Ingredience

- 3 unce (80 g) předkrm z pšeničného kvásku
- 2 šálky (250 g) pšeničné mouky
- ½ šálku (125 ml) vody, pokojová teplota
- 3½ lžičky (10 g) čerstvého droždí
- 1 lžička (5 g) soli 1 lžíce olivového oleje čerstvého rozmarýnu

Pokyny

a) Všechny ingredience kromě oleje a rozmarýnu smíchejte, dokud nevznikne hladké těsto. Necháme 20 minut kynout.

b) Těsto rozválejte a vytvarujte z něj obdélník o tloušťce asi jedné desetiny palce (3 mm).

c) Potřete olivovým olejem. Nasekejte rozmarýn a nasypte na vrch těsta. Poté těsto srolujte z kratší strany obdélníku. Zajistěte konce.

d) Nechte chléb asi 30 minut kynout a uprostřed válečku naříznětě hluboký zářez, aby byly vidět všechny vrstvy. Necháme ještě 10 minut kynout.

e) Počáteční teplota trouby: 475 °F (250 °C)

f) Vložte chléb do trouby. Nalijte na dno trouby šálek vody. Snižte teplotu na 400 °F (210 °C) a pečte asi 20 minut.

g) Těsto potřeme olejem a navrch rovnoměrně rozetřeme rozmarýn.

h) Těsto srolujte. Přitiskněte konce k sobě.

i) Po vykynutí chleba skórujte.

6. Sýr a sezamový chléb

Udělá 3 bochníky

Ingredience

Den 1

- 8½ unce (240 g) předkrm z pšeničného kvásku
- 1½ šálku (350 ml) vody, pokojová teplota
- 1½ šálku (200 g) mouky z tvrdé pšenice
- 1½ šálku (200 g) pšeničné mouky

Den 2

- 1 polévková lžíce (15 g) soli
- 2¼ šálku (250 g) strouhaného sýra, jako je stařený švýcarský nebo ementál
- ½ šálku (100 ml) pražených sezamových semínek
- 3⅔ šálků (400 g) pšeničné mouky (množství se bude lišit v závislosti na použitém sýru) olivového oleje do mísy

Pokyny

a) Suroviny důkladně promícháme a dáme na cca 12 hodin kynout do lednice.

b) Těsto vyndejte z lednice s dostatečným předstihem, aby nebylo příliš studené. Přidejte sůl, sýr, sezamová semínka a mouku. Čím sušší sýr, tím méně mouky budete potřebovat. Dobře promícháme a necháme ve vymazané míse přikryté alobalem kynout, dokud těsto nezdvojnásobí svůj objem.

c) Těsto opatrně rozprostřete na stůl a nakrájejte na třetiny. Jemně tvarujte do kulatých bochníků. Bochníky položte na vymazaný plech a nechte chléb kynout asi 30 minut.

d) Počáteční teplota trouby: 450 °F (230 °C)

e) Vložte chléb do trouby a snižte teplotu na 400 °F (210 °C). Pečte asi 30 minut.

f) Na suché pánvi opražte sezamová semínka. Před zamícháním těsta nechte sezamová semínka vychladnout.

g) Když je těsto hotové, opatrně vytvarujte kulaté bochánky.

h) Poté, co bochníky třicet minut kynou, pomoučněte je a před vložením do trouby na bochnících jemně udělejte zářezy.

7. Kváskový chléb se zeleným čajem

Udělá jeden bochník

Ingredience

- 1 šálek (250 ml) silného zeleného čaje, vlažného
- 7 uncí (200 g) předkrm z pšeničného kvásku
- 1 polévková lžíce (15 g) soli
- 5 šálků (600 g) pšeničné mouky olivového oleje do mísy

Pokyny

a) Ingredience smícháme a dobře prohněteme. Těsto necháme ve vymazané a zakryté míse kynout 1 hodinu.

b) Těsto jemně nalijte na pečicí stůl. Měl by mírně vytékat.

c) Bochník opatrně přehneme a položíme na vymazaný plech. Necháme ještě 30 minut kynout.

d) Počáteční teplota trouby: 475 °F (250 °C)

e) Vložte chléb do trouby a na dno trouby pokropte hrnkem vody. Snižte teplotu na 400 °F (200 °C).

f) Chleba pečte asi 25 minut.

8. Anglický pšeničný kváskový chléb

Udělá 1 bochník

Ingredience

- ¾ unce (20 g) čerstvé droždí
- 1¼ šálku (300 ml) vody, pokojová teplota
- 5½ šálků (650 g) celozrnné mouky
- 5 uncí (150 g) předkrm z pšeničného kvásku
- 1 polévková lžíce (15 g) soli
- 1 polévková lžíce surového cukru
- ¼ šálku (50 ml) olivového oleje
- rozpuštěné máslo na potření

Pokyny

a) Droždí rozpusťte v trošce vody. Všechny ingredience důkladně promícháme a dobře prohněteme. Pokud potřebujete více vody, než je uvedeno, zkuste přidat po troškách. Množství je pouze přibližné, protože odezva mouky se může lišit.

b) Z uhněteného těsta vytvarujte bochník a nechte ho kynout, dokud nezdvojnásobí objem, asi 45–60 minut.

c) Než chléb vložíte do trouby, potřete ho trochou rozpuštěného másla.

d) Vložte chléb do trouby a na dno trouby pokropte hrnkem vody. Snižte teplotu na 400 °F (200 °C).

e) Chleba pečte asi 30 minut.

9. Mrkvový chléb

Udělá 2–3 bochníky

Ingredience

- ½ šálku (100 ml) mléka pokojové teploty
- 1¾ lžičky (5 g) čerstvého droždí
- 1 polévková lžíce (15 g) soli
- 3¾ šálků (450 g) celozrnné pšeničné mouky
- 1 šálek (100 g) ovesných vloček
- 5 uncí (150 g) předkrm z pšeničného kvásku
- 1 šálek (200 ml) vody, pokojové teploty
- 2 šálky (250 g) strouhané mrkve

Pokyny

a) Smíchejte mléko a droždí. Všechny ingredience kromě mrkve smícháme. Těsto hněteme asi 10 minut. Přidáme nastrouhanou mrkev a ještě trochu prohněteme.

b) Těsto necháme 60–90 minut kynout na teplém místě.

c) Počáteční teplota trouby: 475 °F (250 °C)

d) Chleby vložte do trouby a pečte 10 minut. Snižte teplotu na 350 °F (180 °C) a pečte ještě asi 30 minut.

e) Ovesné vločky opečte na nepřilnavé pánvi.

f) Těsto hněteme asi 10 minut. Přidejte nastrouhanou mrkev.

10. Olivový chléb

Udělá 2 bochníky

Ingredience

- 10½ unce (300 g) předkrm ze špaldového kvásku
- 6 hrnků (600 g) špaldové mouky, prosáté
- 1¼ šálku (300 ml) vody, pokojová teplota
- 1 polévková lžíce medu
- 1 polévková lžíce soli
- ⅔ šálku (150 g) vypeckovaných oliv, nejlépe směs zelených a černých

Pokyny

a) Všechny ingredience kromě oliv smícháme. Důkladně prohněteme. Těsto by mělo být poměrně „slabé". Těsto vyrovnejte do „dortu" o průměru 12 palců (30 cm). Nakrájejte polovinu oliv. Přidejte nakrájené olivy a vmíchejte celé olivy. Těsto srolujeme a necháme 2–3 hodiny kynout. Těsto rozdělíme na 2 díly a vytvarujeme bochánky. Nechte bochníky ještě 20 minut kynout.

b) Počáteční teplota trouby: 475 °F (250 °C)

c) Vložte chléb do trouby a snižte teplotu na 400 °F (200 °C). Pečte asi 30–40 minut.

d) Těsto přeložte přes olivy.

e) Po 2–3 hodinách kynutí těsta těsto rozkrojte napůl.

f) Vytvarujte chléb tak, aby byla olivová směs vyklopená.

11. Ovesný chléb

Udělá 3 bochníky

Ingredience

- 1 várka předkrmu z ovesného kvásku
- ½ šálku (125 ml) vody, pokojová teplota
- ½ polévkové lžíce (10 g) soli
- 2 lžičky (15 g) medu
- Cca. 2½ šálku (300 g) pšeničné mouky
- pár ovesných vloček

Pokyny

a) Všechny ingredience kromě ovesných vloček smícháme a dobře prohněteme. Těsto necháme 2–3 hodiny kynout.

b) Z těsta vytvarujte tři kulaté bochánky. Potřeme vodou a chléb ponoříme do ovesných vloček. Těsto necháme na vymazaném plechu ještě 45 minut kynout.

c) Chleby pečte při 375 °F (190 °C) zhruba 20 minut.

12. Čočkový chléb

Udělá 1 bochník

Ingredience

- 1 várka předkrmu z čočkového kvásku
- ¼ šálku (50 g) olivového oleje
- 2 čajové lžičky (10 g) mořské soli
- ½ šálku (100 ml) vody, pokojová teplota
- 2 šálky (250 g) pšeničné mouky

Pokyny

a) Ingredience smícháme a dobře prohněteme. Pokud je těsto příliš sypké, přidejte ještě trochu mouky. Těsto dejte přes noc do lednice.

b) Těsto vyjměte a ještě trochu prohněťte. Z těsta vytvarujeme bochník a dáme na vymazaný plech.

c) Chleba necháme kynout v lednici asi 12 hodin.

d) Vyjměte chléb z chladničky a před vložením do trouby jej nechte 30 minut stát při pokojové teplotě. Chleba pečte při 400 °F (200 °C) asi 30 minut.

13. Sladký karlovarský chléb

Udělá asi 30 buchet

Ingredience

- 1⅔ šálku (400 ml) mléka pokojové teploty
- 7 uncí (200 g) předkrm z pšeničného kvásku
- 9 šálků (1 kg) pšeničné mouky
- 3½ polévkové lžíce (30 g) čerstvého droždí
- 1 šálek (250 g) másla
- 1 šálek (200 g) cukru
- 6 žloutků
- ½ polévkové lžíce (10 g) soli
- 1 vejce na potření

Pokyny

a) Smíchejte 1 ¼ šálku (300 ml) mléka s kváskem, polovinou mouky a droždím. Necháme asi 1 hodinu kynout.

b) Máslo rozpustíme a necháme vychladnout.

c) Všechny suroviny smícháme s těstem. Uhněteme těsto do hladka.

d) Z těsta vytvarujte asi třicet obyčejných bochánků nebo půlměsíčků a položte je na vymazaný plech.

e) Necháme je pod utěrkou kynout, dokud bochánky nezdvojnásobí svůj objem.

f) Housky potřeme rozšlehaným vejcem. Pečte při 400 °F (210 °C) asi 10 minut.

14. Gugelhupf

Udělá 1–2 dorty

Ingredience

Krok 1

- 1¾ lžičky (5 g) čerstvého droždí
- 1 šálek (250 ml) mléka pokojové teploty
- 3 šálky (375 g) pšeničné mouky
- 3½ oz. (100 g) předkrm z pšeničného kvásku

Krok 2

- 1 šálek (200 ml) mléka pokojové teploty
- 3¾ šálků (450 g) pšeničné mouky
- ½ šálku (100 g) cukru
- ¾ šálku (175 g) rozpuštěného másla, vychlazeného
- 3–4 vejce kůra z 1 citronu 1 hrnek (150 g) rozinek moučkový cukr na ozdobu

Pokyny

a) Droždí rozpusťte v trošce mléka. Přidejte ostatní ingredience a dobře promíchejte. Těsto necháme 1–2 hodiny kynout.

b) Přidejte všechny ingredience do těsta a důkladně promíchejte. Naplňte jednu nebo dvě vymaštěné a moukou vysypané pánve o velikosti 11 × 7 × 1 ½ palce Bundt (1 ½ litru) do poloviny těstem. Těsto necháme kynout, dokud nebude asi o 30 procent větší, nebo 1 hodinu.

c) Pečte při 390 °F (200 °C) po dobu 20–30 minut. Před vyjmutím z formy nechte koláč vychladnout. Nakonec posypeme moučkovým cukrem.

d) Smíchejte těsto s přísadami z druhého kroku a dobře promíchejte.

e) Vymazané a moukou vysypané formy naplníme do poloviny těstem.

f) Upečený koláč necháme před krájením vychladnout.

15. Brioche

Vyrobí asi 20 rohlíků

Ingredience

- 3½ oz. (100 g) předkrm z pšeničného kvásku
- 3½ šálku (450 g) pšeničné mouky
- ⅔ šálku (75 ml) mléka, pokojová teplota 5¼ lžičky (15 g) čerstvého droždí
- 5 vajec
- ⅔ šálku (75 g) cukru
- 1½ polévkové lžíce (25 g) soli
- 1½ šálku (350 g) nesoleného másla, změkčeného
- 1 vejce na potření

Pokyny

a) Kvásek smícháme s polovinou pšeničné mouky, mlékem a droždím. Směs necháme asi 2 hodiny kynout.

b) Přidejte všechny ingredience kromě másla a důkladně promíchejte. Poté po troškách přidávejte máslo – asi ¼ šálku (50 g) najednou. Dobře prohněteme.

c) Přikryjeme utěrkou a necháme těsto kynout asi 30 minut.

d) Vytvarujte dvacet malých hladkých bochánků. Vložte je do formiček na košíčky a nechte kynout, dokud nezdvojnásobí svůj objem. Housky potřeme vajíčkem.

e) Briošku pečte při 400 °F (210 °C) asi 10 minut.

16. Pšeničné housky

Vznikne asi 35 bochánků

Ingredience

- 2 šálky (500 ml) mléka pokojové teploty
- 1¾ oz. (50 g) předkrm z pšeničného kvásku
- 9½ šálků (1¼ kg) pšeničné mouky
- 1 šálek (200 g) másla
- ½ šálku (75 g) čerstvého droždí
- ½ šálku (165 g) bílého sirupu
- ½ oz. (15 g) mletého kardamomu
- 1 lžička (5 g) soli 1 vejce na potření perličkového cukru na ozdobu

Pokyny

a) Smíchejte 1⅔ šálku (400 ml) mléka s kváskem a polovinou mouky. Necháme cca 1 hodinu kynout.

b) Máslo rozpustíme a necháme vychladnout.

c) Ve zbylém mléce rozpusťte droždí. Po dokončení přidejte všechny ingredience do prvního těsta a důkladně promíchejte. Hněteme do hladka.

d) Z těsta vytvarujte pětatřicet bochánků a dejte je na vymazaný plech. Necháme je pod utěrkou kynout, dokud nezdvojnásobí svůj objem.

e) Housky potřeme rozšlehaným vejcem a posypeme trochou perličkového cukru. Pečte při 400 °F (210 °C) asi 10 minut.

ŽITNÝ CHLÉB

17. Žitný chléb

Ingredience

- $\frac{3}{4}$ šálku (200 ml) vody, pokojová teplota
- 2 hrnky (200 g) jemně mleté žitné mouky
- $\frac{1}{2}$ šálku (100 g) nastrouhaného jablka, oloupaného

Pokyny

a) Ingredience smícháme a necháme 2–4 dny odstát ve skleněné nádobě s těsně přiléhajícím víčkem. Míchejte ráno a večer.

b) Startér je hotový, když směs začne bublat. Od této chvíle stačí těsto „krmit", aby si zachovalo chuť a schopnost kynutí. Pokud necháte kvásek v lednici, měli byste ho jednou týdně přikrmit $\frac{1}{2}$ šálku (100 ml) vody a 1 šálkem (100 g) žitné mouky. Pokud necháte kvásek při pokojové teplotě, měl by být krmen každý den stejným způsobem. Konzistence by měla připomínat hustou kaši.

c) Pokud vám kvásek zbyde, můžete ho zamrazit v nádobách, do kterých se vejde půl hrnku, nebo jeho část nechat vyschnout.

18. Levain

Udělá 2 bochníky

Ingredience

Den 1

- 3½ oz. (100 g) předkrm z pšeničného kvásku
- 1 šálek (200 ml) vody, pokojové teploty
- 1 ¼ šálku (150 g) pšeničné mouky
- ½ šálku (50 g) nemíchané žitné mouky (tj. mouky bez pšenice) Všechny ingredience dobře promíchejte.

Den 2

- 2 šálky (450 ml) vody, pokojová teplota
- 6 šálků (750 g) pšeničné mouky 4 lžičky (20 g) mořské soli

Pokyny

a) Těsto dejte do mísy a zakryjte potravinářskou fólií. Uchovávejte přes noc v lednici.

b) Do těsta přidáme vodu a mouku. Dobře prohněteme. Přidejte sůl. Těsto hněteme další 2 minuty.

c) Necháme 1 hodinu kynout a poté zlehka vytvarujeme dva bochníky.

d) Nechte bochníky pod utěrkou 45 minut kynout.

e) Počáteční teplota trouby: 525 °F (280 °C)

f) Vložte bochníky do trouby. Na dno trouby pokropte hrnkem vody. Snižte teplotu na 450 °F (230 °C) a pečte 30 minut.

g) Těsto opatrně nalijeme na pomoučněnou plochu. Rozdělte jej na dvě části.

h) Jemně těsto přehněte.

i) Z těsta opatrně vytvarujte dva podlouhlé bochánky.

19. Žitná Ciabatta

Udělá asi 10 chlebů

Ingredience

- 7 uncí (200 g) předkrm z pšeničného kvásku
- ½ šálku (50 g) jemné žitné mouky
- 4 šálky (500 g) pšeničné mouky
- Cca. 1⅔ šálku (400 ml) vody, pokojová teplota
- ½ polévkové lžíce (10 g) soli
- olivový olej do misky

Pokyny

a) Všechny ingredience kromě soli smícháme a dobře prohněteme. Přidejte sůl.

b) Těsto dejte do vymaštěné mísy. Těsto zakryjte plastovou fólií a nechte přes noc odležet v lednici.

c) Druhý den těsto opatrně nalijte na pečící stůl.

d) Těsto přeložíme a necháme asi 5 hodin uležet v lednici a jednou za hodinu těsto znovu přeložíme.

e) Nalijte těsto na stůl. Nakrájejte ho na kousky o velikosti zhruba 2 × 6 palců (10 × 15 cm) a položte je na vymazaný plech. Necháme je v lednici ještě 10 hodin kynout. Proto výroba tohoto chleba trvá asi 2 dny.

f) Počáteční teplota trouby: 475 °F (250 °C)

g) Vložte bochníky do trouby. Na dno trouby nastříkejte šálek vody. Snižte teplotu na 400 °F (210 °C) a pečte asi 15 minut.

h) Těsto přeložíme a necháme asi 5 hodin v lednici. Během této doby opakujte skládání jednou za hodinu.

i) Těsto položíme na pomoučněnou plochu a roztáhneme.

j) Těsto nakrájejte na kousky o velikosti asi 2 × 6 palců (10 × 15 cm).

20. Francouzský selský chléb

Udělejte 1 bochník

Ingredience

- 2 šálky (500 ml) vody, pokojová teplota
- 5 šálků (600 g) pšeničné mouky
- 2 hrnky (200 g) špaldové mouky, prosáté
- 4½ oz. (125 g) předkrm z pšeničného kvásku
- 4½ oz. (125 g) předkrm z žitného kvásku
- 1½ polévkové lžíce (25 g) soli olivového oleje do mísy

Pokyny

a) Smíchejte všechny ingredience kromě soli, dokud nebude těsto hladké.

b) Když je těsto dobře prohnětené, přidejte sůl. Pokračujte v hnětení dalších několik minut. Těsto dejte do mísy namazané olejem a přikryjte utěrkou.

c) Těsto necháme kynout asi 2 hodiny.

d) Těsto nalijeme na pomoučený stůl a vytvarujeme jeden dlouhý bochník. Necháme asi 40 minut kynout.

e) Počáteční teplota trouby: 525 °F (270 °C)

f) Vložte chléb do trouby a na dno trouby pokropte hrnkem vody. Snižte teplotu na 450 °F (230 °C).

g) Pečte asi 30 minut.

21. Oříškový chléb

Udělá 2 bochníky

Ingredience

- 2 šálky (500 ml) vody, pokojová teplota
- 16 oz. (450 g) předkrm z žitného kvásku
- 3¾ šálků (450 g) pšeničné mouky
- 2¼ hrnku (225 g) špaldové mouky, prosáté
- 2¼ šálku (225 g) jemné žitné mouky
- 1½ polévkové lžíce (25 g) soli
- 2½ šálku (350 g) celých lískových ořechů
- olivový olej do misky

Pokyny

a) Smíchejte všechny ingredience kromě soli a ořechů. Těsto dobře prohněteme.

b) Přidejte sůl a ořechy a zapracujte do těsta.

c) Těsto vložíme do plastové mísy natřené olejem a necháme asi 3 hodiny kynout.

d) Oddělte a vytvarujte těsto na 2 bochníky a dejte je na vymazaný plech. Necháme ještě asi hodinu kynout.

e) Počáteční teplota trouby: 525 °F (270 °C)

f) Vložte bochníky do trouby a snižte teplotu na 450 °F (230 °C).

g) Chleby pečte 30–40 minut.

22. Ruský sladký chléb

Udělá 1 bochník

Ingredience

- 26½ oz. (750 g) předkrm z žitného kvásku
- 1¼ šálku (300 ml) vody, pokojová teplota
- 3½ lžičky (20 g) soli
- 1 polévková lžíce (10 g) kmínu
- 2½ šálku (300 g) pšeničné mouky
- 3 hrnky (300 g) špaldové mouky, prosáté

Pokyny

a) Ingredience smícháme a hněteme, dokud těsto není hladké. Necháme pod utěrkou 1 hodinu kynout.

b) Z těsta vytvarujte velký kulatý bochník. Položíme na vymazaný plech a přikryjeme utěrkou.

c) Těsto necháme 1-2 hodiny kynout.

d) Před vložením do trouby těsto posypeme moukou. Pečte v troubě při 400 °F (210 °C) asi 40-50 minut.

23. Dánský žitný chléb

Udělá 3 bochníky

Ingredience

Den 1

- 2 šálky (500 ml) vody, pokojová teplota
- 3 hrnky (300 g) celozrnné žitné mouky
- 1 unce (25 g) předkrm z žitného kvásku

Den 2

- 4 šálky (1 litr) vody, pokojová teplota
- 8 šálků (800 g) celozrnné žitné mouky
- 2 hrnky (250 g) celozrnné mouky
- 2 polévkové lžíce (35 g) soli
- 4½ oz. (125 g) slunečnicová semínka
- 4½ oz. (125 g) dýňová semínka
- 2½ oz. (75 g) celé lněné semínko

Pokyny

a) Ingredience dobře promíchejte a nechte přes noc stát při pokojové teplotě.

b) Těsto vyrobené předchozí den spojíme s novými ingrediencemi. Důkladně míchejte asi 10 minut.

c) Těsto rozdělte do tří formiček o rozměrech 8 × 4 × 3 palce (1½ litru). Pánve by měly být naplněny pouze do dvou třetin. Necháme na teplém místě kynout 3-4 hodiny.

d) Počáteční teplota trouby: 475 °F (250 °C)

e) Vložte pánve do trouby a snižte teplotu na 350 °F (180 °C). Na dno trouby nastříkejte šálek vody. Chleby pečte 40-50 minut.

f) 2. den: Smíchejte zbývající ingredience s předkrmem.

g) Těsto dobře mícháme asi 10 minut.

h) Těsto dejte do formy o rozměrech 8 × 4 × 3 palce (1 1/2 litru). Naplňte pánev nejvýše do dvou třetin. Necháme kynout, dokud těsto nedosáhne okraje formy.

24. Ořechový chléb

Udělá 1 bochník

Ingredience

- 2 šálky (500 ml) vody, pokojová teplota
- 14 oz. (400 g) předkrm z žitného kvásku
- 4 hrnky (400 g) nemíchané žitné mouky (tj. bez pšeničné mouky)
- 4 šálky (500 g) pšeničné mouky
- 14 oz. (400 g) celé vlašské ořechy
- 3½ lžičky (20 g) soli
- olivový olej do misky

Pokyny

a) Smíchejte všechny ingredience kromě vlašských ořechů a soli. Hněteme, dokud není těsto hladké.

b) Jakmile je těsto dobře prohnětené, přidejte sůl a vlašské ořechy. Pokračujte v hnětení dalších několik minut.

c) Poté těsto vložte do olejem vymazané mísy a přikryjte utěrkou.

d) Těsto necháme kynout asi 2 hodiny.

e) Těsto dejte na pomoučněnou plochu a vytvarujte z něj jeden kulatý bochník. Necháme kynout na vymazaném plechu asi 30 minut.

f) Počáteční teplota trouby: 475 °F (250 °C)

g) Vložte chléb do trouby a na dno trouby pokropte hrnkem vody. Snižte teplotu na 450 °F (230 °C).

h) Chleba pečte asi 30 minut.

i) Jakmile je těsto dobře prohnětené, přidejte sůl a vlašské ořechy. Znovu několik minut hněteme.

j) Po vykynutí těsto rozkrojte na dva díly.

k) Kousky na plechu mírně vyrovnejte.

25. Špaldový chléb s pomerančem

Udělá 1 bochník

Ingredience

Krok 1

- ½ pomeranče běžné velikosti

Krok 2

- kousky pomerančové kůry
- 7 uncí (200 g) předkrm z žitného kvásku
- 1 šálek (200 ml) vody, pokojové teploty
- ½ polévkové lžíce (10 g) soli 1 čajová lžička (5 g) fenyklu
- přibližně 6–7 šálků (600–700 g) špaldové mouky, prosáté

Pokyny

a) Oloupejte pomeranč. Kůru povařte několik minut ve vodě. Vyjmeme z vody a necháme mírně vychladnout.

b) Lžící seškrábněte bílou část na vnitřní straně slupky. Kůru nasekejte na malé kousky.

c) Smíchejte všechny ingredience, ale pomalu přidávejte posledních pár šálků mouky. Špaldová mouka nenasává tekutinu tak jako běžná pšeničná mouka. Dobře prohněteme.

d) Těsto necháme asi 30 minut kynout.

e) Z těsta vytvarujeme kulatý bochník a dáme na vymazaný plech. Nechte těsto kynout, dokud nezdvojnásobí svůj objem; to může trvat až několik hodin.

f) Pečte při 400 °F (200 °C) asi 25 minut.

g) Chléb po vyjmutí z trouby potřete vodou.

26. Anýzový chléb

Udělá 1 bochník

Ingredience

- 3 hrnky (300 g) jemně mleté žitné mouky
- 2 ½ hrnku (250 g) špaldové mouky, prosáté
- 10½ oz. (300 g) předkrm z žitného kvásku
- ½ polévkové lžíce (10 g) soli
- 4 čajové lžičky (20 g) surového cukru
- 1¼ šálku (300 ml) piva s nízkým obsahem alkoholu, pokojová teplota
- ½ oz. (15 g) drcený anýz
- 1¾ oz. (50 g) lněné semínko

Pokyny

a) Smíchejte všechny ingredience. Těsto bude dost lepivé. Necháme uležet při pokojové teplotě asi 1 hodinu.

b) Ruce si lehce pomoučněte a zlehka vypracujte těsto. Z těsta vytvarujeme velký kulatý bochánek a dáme na vymazaný plech.

c) Nechte chléb kynout, dokud nezdvojnásobí svůj objem. To může trvat několik hodin.

d) Počáteční teplota trouby: 450 °F (230 °C)

e) Vložte chléb do trouby a na dno pokropte hrnkem vody. Snižte teplotu na 350 °F (180 °C) a pečte 45–55 minut.

27. Slunečnicový chléb

Vyrobí asi 15-20 válečků

Ingredience

- 1¾ lžičky (5 g) čerstvého droždí
- 1¼ šálku (300 ml) vody, pokojová teplota
- 3 hrnky (300 g) jemně mleté žitné mouky
- 2½ šálku (300 g) pšeničné mouky
- 7 uncí (200 g) předkrm z žitného kvásku
- 1 polévková lžíce (15 g) soli
- 3 polévkové lžíce (50 g) medu
- ⅔ šálku (150 ml) slunečnicových semínek
- 1 polévková lžíce (10 g) kmínu

Pokyny

a) Droždí rozpusťte v trošce vody. Přidejte všechny ingredience a dobře promíchejte.

b) Těsto necháme na teplém místě kynout, dokud nezdvojnásobí svůj objem. Bude to trvat 1-2 hodiny.

c) Z těsta vytvarujte patnáct až dvacet malých válečků. Položte je na vymazaný plech a nechte na teplém místě kynout, dokud nezdvojnásobí svůj objem.

d) Pečeme při 180 °C asi 10 minut.

e) Po vykynutí těsto prohněteme a vytvarujeme dlouhý váleček.

f) Těsto nakrájejte na patnáct až dvacet kousků.

g) Vytvarujte kulaté bochníky a položte na plech, aby vykynuly, dokud nezdvojnásobí svůj objem.

28. Pivní chléb

Udělá 2 bochníky

Ingredience

- přibližně 1¼ šálku (300 ml) piva, pokojové teploty
- 7 lžiček (20 g) čerstvého droždí
- 1 polévková lžíce (15 g) soli
- 16 oz. (450 g) předkrm z žitného kvásku
- 5½ šálků (700 g) celozrnné mouky

Pokyny

a) Všechny ingredience kromě mouky smícháme dohromady. Po troškách přidávejte mouku a dobře promíchejte. Nepřidávejte všechnu mouku najednou; před přidáním další mouky otestujte těsto, abyste se ujistili, že je elastické.

b) Dobře prohněteme.

c) Těsto necháme asi 15 minut odpočinout. Dobře prohněteme.

d) Z těsta vytvarujte dva bochánky a nechte kynout na vymazaném plechu, dokud nezdvojnásobí svůj objem. Chléb posypte trochou mouky.

e) Počáteční teplota trouby: 475 °F (250 °C)

f) Vložte bochníky do trouby a na dno pokropte hrnkem vody. Snižte teplotu na 400 °F (200 °C).

g) Chleba pečte asi 45 minut.

29. Křupavý žitný chléb

Vyrobí asi 20 sušenek

Ingredience

- 17½ oz. (500 g) žitný kvásek předkrm vyrobený z celozrnné žitné mouky

- 17½ oz. (500 g) předkrm z pšeničného kvásku

- 5 šálků (500 g) jemné žitné mouky

- ½ polévkové lžíce (10 g) soli

Pokyny

a) Ingredience dobře promícháme a těsto necháme asi 2 hodiny kynout.

b) Těsto vyválejte co nejtenčí. Nakrájejte na krekry a dejte na vymazaný plech. Píchejte vidličkou, aby chléb nebublal.

c) Krekry necháme 2-3 hodiny kynout.

d) Pečte při 400 °F (210 °C) asi 10 minut.

30. Chutný křupavý chléb

Vyrobí 15 sušenek

Ingredience

- ½ oz. (10 g) čerstvé droždí
- 1⅔šálku (400 ml) studené vody
- 3½ oz. (100 g) předkrm z žitného kvásku
- 3½ oz. (100 g) předkrm z pšeničného kvásku
- 3 hrnky (300 g) celozrnné žitné mouky
- 4¼ šálků (550 g) pšeničné mouky
- 1 polévková lžíce (15 g) soli
- ½ oz. (15 g) anýzová mořská sůl na polevu

Pokyny

a) Droždí rozpustíme ve vodě a smícháme s kváskem. Přidejte mouku a důkladně prohněťte. Těsto necháme asi 15 minut odpočinout.

b) Osolíme, přidáme anýz a ještě jednou prohněteme těsto. Vložte do misky pokryté plastovou fólií. Necháme přes noc kynout v lednici.

c) Druhý den těsto nakrájejte na patnáct kousků. Každý kousek těsta vyválejte, dokud z něj nevznikne tenký krekr. Aby se těsto nelepilo, vál lehce pomoučněte. Příležitostně krekr otočte, abyste měli jistotu, že těsto správně rozprostřete.

d) Krekry položte na plech pokrytý pečicím papírem. Propíchejte je vidličkou. Podle chuti posypeme trochou mořské soli.

e) Sušenky pečte při teplotě asi 400 °F (210 °C) po dobu 15 minut. Nechte sušenky uschnout na chladicí mřížce.

f) Z těsta vytvarujte válečky a nakrájejte na patnáct kousků.

g) Každý kousek těsta rozválíme na tenkou oplatku. Těsto lehce potřete moukou, aby se nelepilo na vál.

h) Sušenky propíchejte vidličkou. Posypte mořskou solí a položte na plech vyložený pečicím papírem.

31. Tenké sušenky

Vyrobí 6–8 velkých sušenek

Ingredience

- ¾ šálku (200 ml) vysokotučného jogurtu
- 7 uncí (200 g) předkrm z žitného kvásku
- 2 lžičky (15 g) medu
- ½ polévkové lžíce (10 g) soli
- 4 šálky (500 g) pšeničné mouky

Pokyny

a) Všechny ingredience smícháme a těsto důkladně vypracujeme.

b) Těsto nakrájejte na šest až osm kulatých kousků. Kousky vyválejte na tenké oplatky. Povrch i těsto lehce pomoučněte, aby se těsto nelepilo. Krekry položte na vymazaný plech a propíchejte je vidličkou.

c) Sušenky pečte při 430 °F (220 °C) asi 10 minut. Necháme je uschnout na chladící mřížce.

d) Těsto vyválejte do dlouhého válce a nakrájejte na šest až osm kusů.

e) Těsto vyválejte co nejtenčí.

f) Propíchněte vidličkou.

32. Bramborový chléb

Udělá 1 bochník

Ingredience

Krok 1 (před těstem)

- 1 várka předkrmu z bramborového vásku
- 2 šálky (250 g) pšeničné mouky
- 1¾ oz. (50 g) šípkové skořápky

Krok 2

- ¾ šálku (200 ml) vody, pokojová teplota
- ½ polévkové lžíce (10 g) soli
- ½ šálku (50 g) jemně mleté žitné mouky
- 2 hrnky (200 g) špaldové mouky, prosáté

Pokyny

a) Vykynuté těsto smícháme s moukou a necháme asi 8 hodin odležet v lednici.

b) Šípkové skořápky namočte do samostatné misky.

c) Vyjměte předtěsto z lednice. Přidejte ingredience uvedené výše a scezené skořápky šípků.

d) Těsto dobře prohněteme a vytvarujeme bochník. Položte na vymazaný plech a nechte pod utěrkou kynout, dokud nezdvojnásobí svůj objem. To může trvat několik hodin.

e) Pečte chléb při 200 °C (400 °F) asi 25 minut.

ŠPALOVÝ CHLÉB

33. Špaldový Kvásek

Udělá 2 bochníky

Ingredience

- 35 oz. (1 kg) špaldový předkrm kvásku
- 1 polévková lžíce (15 g) soli
- 3 polévkové lžíce (25 g) čerstvého droždí
- 2½ polévkové lžíce (35 ml) melasového sirupu (lze nahradit tmavým sirupem)
- ½ šálku (100 ml) vody, pokojová teplota
- 6 šálků (625 g) jemné žitné mouky
- 1¾ šálku (225 g) pšeničné mouky

Pokyny

a) Ingredience dobře promícháme a necháme asi 30 minut kynout.

b) Jemně vytvarujte dva podlouhlé bochánky a posypte moukou. Necháme chléb kynout, dokud bochníky nezdvojnásobí svůj objem (necháme je kynout pokud možno v košíku).

c) Počáteční teplota trouby: 475 °F (250 °C)

d) Vložte bochníky do trouby a na dno trouby pokropte šálkem vody. Snižte teplotu na 375 °F (195 °C).

e) Pečte asi 30 minut.

34. Gail's rýže a chleba ze špaldové mouky

Ingredience

- 1 šálek hnědé rýžové mouky
- 1 hrnek bílé rýžové mouky
- 1 hrnek špaldové mouky
- 3½ lžičky xanthanové gumy
- ¼ šálku + 2 lžičky cukru
- 1½ lžičky soli
- 1⅓ šálku sušeného odtučněného mléka, rozpuštěného
- 2 velká vejce, dobře rozšlehaná
- 1¾ šálku teplé vody

Pokyny

a) Všechny ingredience, kromě teplé vody, vložte do chlebové formy a stiskněte start.

b) Zatímco stroj hněte, postupně přilévejte vodu. Pokud se těsto dobře nemíchá, použijte na pomoc gumovou stěrku.

c) Po skončení cyklu pečení vyjměte z formy a položte na mřížku a před krájením nechte 1 hodinu vychladnout.

35. Špaldový kvasnicový chléb

Výtěžek: 1 porce

Ingredience

- 3¼ šálku celozrnné špaldové mouky; (rozdělené použití)
- 1 balení Aktivní sušené droždí
- 1 šálek vody
- ⅓ šálku medu
- ¼ šálku margarínu nebo másla
- 1 lžička soli
- 1 vejce

Pokyny

a) Ve velké míse smíchejte dva hrnky špaldové mouky a kvásek. v hrnci zahřejte a míchejte vodu, med, margarín a sůl, dokud se nezahřeje.

b) Přidejte do mouky. Přidejte vejce. Šlehejte elektrickým mixérem při nízké rychlosti po dobu 30 sekund. Šlehejte 3 minuty na maximum. Vmícháme zbývající mouku, aby vzniklo vláčné těsto. Přikryjte a nechte kynout, dokud se nezdvojnásobí - 45 - 60 minut.

c) Těsto rozetřeme do vymazané ošatky o rozměrech 9 x 5 x 3. Přikryjte a nechte kynout 30-45 minut, dokud se nezdvojnásobí. Pečte při 375 stupních 25 až 30 minut nebo dokud bochník nezní dutě, když poklepete. Na posledních deset minut pečení přikryjeme alobalem. Vyjměte z pánve a ochlaďte.

GRILOVANÝ CHLÉB

36. Slanina čedar grilovaný chléb

Výtěžek: 8 porcí

Přísada

- 1 Kváskový chléb
- 3 lžíce másla
- 1 ½ šálku sýra Cheddar
- 4 segmenty slaniny, okapané
- 2 lžíce čerstvé petrželky

Pokyny

a) Jednu stranu každého segmentu chleba lehce potřete margarínem. Položte margarínovou stranou dolů nenamazaný plech. Na plátky chleba rovnoměrně posypeme sýrem, slaninou a petrželkou.

b) Až budete připraveni ke grilování, umístěte segmenty margarínovou stranou dolů přímo na plynový gril na středně vysoké až vysoké teplo nebo na gril na dřevěné uhlí 4 až 5 palců od středně vysokého až vysokého uhlí

c) Vařte 4 až 6 minut nebo déle, dokud se spodní část chleba neopeče a sýr se rozpustí.

37. peperonata grilovaný chléb

Výtěžek: 4 sendviče

Přísada

- 2 Kuřecí prsa
- ½ šálku vody
- Sůl
- Čerstvě mletý černý pepř
- 4 snítky rozmarýnu
- 2 lžíce extra panenského olivového oleje
- špetka Vločky pálivé červené papriky
- 1 malá cibule, segmentovaná
- 1 Červená paprika zbavená jádřinců, pecky a nakrájená na silné proužky
- 1 Žlutá paprika zbavená jádřinců, pecky a nakrájená na silné proužky
- Cukr podle chuti
- 6 Černé olivy konzervované olejem, vypeckované a nakrájené na kousky
- 1 lžíce kapary
- 8 velkých tenkých segmentů křupavého chleba

- 2 stroužky česneku, oloupané a nakrájené na kousky
- 8 Velmi čerstvých bazalkových lístků, nakrájených na kostičky

Pokyny

a) Kuřecí prsa položte kůží nahoru na mírné místo pánev a přidejte vodu. Kuře osolte, opepřete a na něj položte snítky bylinek. Vařte, přikryjte, na mírném ohni po dobu 15-20 minut

b) Vypněte teplo a nechte vychladnout na pánvi.

c) V mírném pánev , přidejte olivový olej, vločky horké červené papriky a cibuli.

d) Smažte mírné - nízké teplo asi 8 minut, často míchejte

e) Přidejte papriky a pokračujte ve vaření, zakryjte, dokud papriky nezměknou.

f) Ke konci vaření vmícháme olivy a kapary. Dochuťte solí a pepřem

g) Když lze s kuřetem manipulovat, vyjměte kůži a kosti a veškerý tuk nebo chrupavku. Každé prso rozdělíme na 3 filety. Znovu diagonálně nakrájejte na $\frac{1}{2}$" silné kousky.

h) Toustový chléb z obou stran. Velmi lehce potřete jednu stranu každého segmentu chleba nakrájenými stroužky česneku. vyrovnejte 4 segmenty chleba. Kuře rozložíme na horní část chleba. horní s pepřovou směsí, pak bazalkou. přikryjte víkem zbývajícími 4 segmenty chleba.

38. Grilovaný chléb s rajčaty s

Výtěžek: 4 porce

Přísada

- 4 velká zralá rajčata
- ¼ šálku Listy bazalky, natrhané
- 6 segmentů Venkovský chléb, nakrájený na 1/2" silný a rozpůlený
- 3 velké stroužky česneku, lehce rozdrcené
- Sůl a pepř
- 4 lžíce olivového oleje

Pokyny

a) Rajčata omyjte a nakrájejte na kousky. Vyjměte co nejvíce semínek a nakrájejte je na kostičky.

b) Dejte je do malé misky a smíchejte s lístky bazalky.

c) Ogrilujte segmenty chleba a otočte je tak, aby byly obě strany světle hnědé. Každý segment potřete stroužkem česneku.

d) Na chléb naneste lžičkou část rajčatové směsi, posypte solí, pepřem a pokapejte olivovým olejem.

39. Grilovaný chléb a rajče

Výtěžek: 1 porce

Přísada

- 1 malý stroužek česneku; mletý 1
- ⅓šálku balzamikového octa 75 ml
- 1½ lžíce olivového oleje 20 ml
- ¼ lžičky pepře 1 ml
- Sůl podle chuti
- 2 lžíce nakrájené čerstvé pažitky nebo zelené cibulky
- Nakrájená čerstvá bazalka nebo petržel
- 6 segmentů francouzského nebo italského chleba
- 4 šálky cherry rajčat; poloviční 1 l

Pokyny

a) V malé misce prošlehejte česnek, ocet, olej, pepř a sůl. Vmícháme pažitku a bazalku.

b) Grilování nebo toustový chléb

c) Každý segment nakrájejte na kousky 1½ palce/4 cm.

d) smícháme s cherry rajčaty a dresinkem. Ochutnejte a v případě potřeby upravte koření.

40. Grilovaný chléb a guacamole

Výtěžek: 1 porce

Přísada

- francouzský chléb
- ¼ šálku olivového oleje; o
- 2 zralá avokáda
- 2 lžíce cibule nakrájené na kostičky
- 1½ lžíce čerstvé citronové šťávy
- 1 stroužek česneku; Nakrájený na kostičky
- ¾ lžičky mletého kmínu
- Chléb nakrájejte diagonálně na ¼ palce silné segmenty

Pokyny

a) Chléb grilujte v dávkách na roštu nastaveném na 5 až 6 palců nad žhavým uhlím, otáčejte jím , dokud nebude z obou stran opečený, asi 3 minuty.

b) Avokádo rozpůlíme a pecky vyhodíme. Lžící maso vložíme do kuchyňského robotu

c) Přidejte zbývající ingredience a rozmixujte do hladka.

d) Chléb podávejte přelitý kopečky guacamole

41. Grilovaný chléb s kachním sádlem

Výtěžek: 4 porce

Přísada

- 1 Bochník křupavého francouzského chleba
- 4 unce kachního tuku; k dostání v luxusních řeznictvích
- 2 lžíce mořské soli; až 3
- 1 lžíce čerstvého rozmarýnu; Nakrájený na kostičky
- 2 jablka

Pokyny

a) Chléb nakrájejte na 1 palec silné segmenty a grilujte do tmavě zlatohnědé barvy.

b) Každý segment potřete 1 až 2 lžičkami kachního tuku.

c) Každý segment posypte mořskou solí a poté rozmarýnem.

d) Podávejte teplé s jablky na krájení.

42. Grilovaný chléb s lilkem

Výtěžek: 6

Přísada

- 2 lilky
- 2 červené papriky
- 2 až 3 polévkové lžíce extra panenského olivového oleje
- 1 stroužek česneku, velmi tence nakrájený
- 6 segmentů venkovský nebo selský chléb
- 1 velký stroužek česneku, rozpůlený
- 2 nebo 3 malá zralá rajčata, půlený kříž; moudrý
- extra panenský olivový olej podle chuti
- mořská sůl podle chuti

Pokyny

a) Připravte si rozpálený oheň na grilu nebo rozpalte gril. Umístěte lilek a červenou papriku na gril nebo na mělkou pánev pod gril

b) pomalu grilujte, dokud úplně nezčerná a lilek nezměkne otáčejte je každých pár minut pomocí kleští

c) Po 20 min. zeleninu rozbalte a oloupejte slupky. Papriky podélně rozpůlíme, vyjmeme jádřinec , vyškrábneme semínka a dužinu nakrájíme na dlouhé jemné proužky.

d) Papriky a lilek smíchejte v misce s olivovým olejem a česnekem.

e) Chléb grilujte, dokud je ještě teplý; třít část česneku na kůru a na jedné straně každého segmentu. Půlky rajčat potřeme česnekem potřenou stranou toastu.

f) Pokapeme olivovým olejem, posypeme solí a navršíme na hromadu escalivady .

43. Grilovaný kardamomový chléb Nan

Výtěžek: 8 porcí

Přísada

- 1 Obálka aktivního sušeného droždí
- 1 lžíce medu
- 1 lžíce olivového oleje + extra
- $3\frac{1}{2}$ šálku chlebové mouky
- 1 lžíce Sůl
- 1 lžíce mletého kardamomu

Pokyny

a) Ve velké misce rozpusťte droždí ve vodě a vmíchejte med.

b) Necháme odpočinout do zpěnění, asi 10 minut. Přidejte 1 T olej, mouku, sůl a kardamom a míchejte, dokud těsto nevytvoří soudržnou hmotu.

c) Těsto vyklopte na lehce pomoučněnou plochu a hněťte, dokud nebude hladké a pružné, asi 6 minut.

d) Těsto rozdělte na 8 dílů a z každého vytvarujte kouli. Kuličky klademe na olejem vymazaný plech a potřeme olejem. přikryjte víkem volně plastem a nechte kynout na teplém místě, dokud nezdvojnásobí objem, 1 až 2 hodiny.

e) rozpalte grilovací pánev či litinový rošt .

f) Každý Nan lehce potřete olivovým olejem a grilujte asi 1 minutu dozlatova

44. Grilovaný cheddar rozinkový chléb

Výtěžek: 1 porce

Přísada

- 3 lžíce nesoleného másla; změkčil
- 8 segmentů Rozinkový chléb
- ½ libry tence segmentovaný extra ostrý sýr čedar
- 8 segmentů Slanina; uvařené dokřupava a okapané na papírových utěrkách

Pokyny

a) Na velký list voskového papíru namažte jednu stranu každého segmentu chleba a otočte segmenty.

b) Naneste čedar na nepomazané strany chleba, rovnoměrně přikryjte chlebem víko a horní 4 sýrem vyložené segmenty se slaninou. Překlopte zbývající sýrový chléb na slaninu.

c) nepřilnavou pánev a pečte sendviče v dávkách, lehce přitlačte kovovou stěrkou, dokud spodní strany nezezlátnou, asi 1 minutu.

d) Sendviče otočte a vařte, znovu přitlačte, dokud spodní strany nezezlátnou a sýr se nerozpustí, asi 1 minutu.

45. Grilovaný sýrový chléb potěšení

Výtěžek: 1 porce

Přísada

- 6 segmentů Chléb
- 3 Tlusté segmenty sýra
- $\frac{1}{2}$ lžičky mletého červeného chilli
- Sůl podle chuti
- Kapka másla

Pokyny

a) Umístěte 3 segmenty vedle sebe.

b) Na každý položte kousek sýra.

c) Přisypte chilli a přikryjte pokličkou druhým kouskem chleba.

d) Každý nakrájejte na čtvrtiny.

e) V malých špejlích zapíchněte 2 čtvrtiny, každou.

f) Grilujte na žhavém uhlí grilu

46. Grilované bramborové placičky

Výtěžek: 100 porcí

Přísada

- 1 šálek másla
- 9 vajec
- 1 šálek mléka
- 22 liber brambor
- 4½ šálku chleba
- 1½ lžičky černého pepře
- 2 lžíce soli

Pokyny

a) zakryjte brambory víkem s osolenou vodou; přivést k varu; snížit teplo

b) brambory mixujte v mixéru při nízké rychlosti, dokud se nerozlámou na menší kousky, asi 1 minutu.

c) Přidejte máslo nebo margarín a opepřete. mixujte při vysoké rychlosti 3 až 5 minut nebo až do hladka.

d) Rekonstituovat mléko; zahřejte k varu; Při nízké rychlosti vmícháme k bramborám, promícháme rozmixovaná celá vejce. Vytvarujte placičky.

e) Vydlabejte placičky ve strouhance.

f) Grilujte na lehce vymazaném roštu 3 minuty z každé strany nebo až do zlatohnědé.

47. Grilované francouzské rohlíky

Výtěžek: 1 porce

Přísada

- ¾ šálku olivového oleje
- 6 stroužků česneku; zploštělý
- 18 velkých francouzských rohlíků
- Čerstvě mletý pepř

Pokyny

a) Olivový olej zahřejte na mírném stupni grilujte na mírném až mírném ohni. Přidejte česnek a vařte do světle hnědé, asi 4 minuty.

b) Připravené grilování

c) Role rozdělte vodorovně na zlomky. Řezný povrch potřete česnekovým olejem.

d) Bohatě posypte pepřem.

e) Rohlíky na grilu namazanou stranou dolů nahoru do zlatova. Podávejte horké nebo při pokojové teplotě.

48. Spamový hrdina s grilovaným sýrem

Výtěžek: 4 porce

Přísada

- 4 segmenty švýcarského sýra
- 2 švestková rajčata nakrájená na tenké plátky
- 8 segmentů italského chleba
- 1 může SPAM
- $\frac{1}{4}$ šálku hořčice dijonského typu
- $\frac{1}{4}$ šálku tence nakrájené zelené cibule
- 4 segmenty amerického sýra
- 2 lžíce másla nebo margarínu

Pokyny

a) Na 4 chlebové segmenty rovnoměrně navrstvěte sýr a rajčata . Položte SPAM na rajčata.

b) Posypeme cibulí a dalším sýrem.

c) Na velké pánvi rozpustíme máslo. Přidejte sendviče a grilujte na mírném ohni, dokud nezhnědne a sýr se nerozpustí, jednou otočte .

49. Grilované Panini

Výtěžek: 1 porce

Přísada

- 1 lžička droždí
- 3¼ šálku vysoce kvalitní mouky
- 1½ lžičky soli
- ½ lžičky cukru
- 1¼ šálku vlažné vody
- 3 lžíce olivového oleje

Pokyny

a) Vložte přísady do pekárny v uvedeném pořadí.

b) Po dokončení cyklu rozdělte těsto na šest dílů.

c) Na lehce pomoučené ploše z těsta uhněteme kuličky a poté rozválejte na oválky o tloušťce pizzy.

d) Pečte Panini asi 7 minut nebo až do nafouknutí, ale nezhnědne.

e) Panini nakrájejte na zlomky podélně, přičemž okraj zůstane připojený jako kniha.

f) Naplňte směsí vašeho oblíbeného sýra, nálevu a ingrediencí na salát

g) Rozehřejte sendvičový gril a opečte panini do zlatova.

50. Grilovaný rančový chléb

Výtěžek: 1 porce

Přísada

- 1 Stick máslo nebo margarín;
- 2 Bochníky francouzského chleba; snížit na zlomek

Pokyny

a) Směs namažte na chleba.

b) Umístěte chléb pod gril na 23 minut, dokud nezezlátne.

51. Bylinkový cibulový grilovací chléb

Výtěžek: 6 porcí

Přísada

- 1 balení Aktivní sušené droždí
- 1¼ šálku vlažné vody
- 1½ šálku celozrnné nebo hnědé rýžové mouky
- 1 svazek jarní cibulky
- 1 lžíce rozmarýnu; Nakrájený na kostičky
- 1 lžíce tymiánu; Nakrájený na kostičky
- 1 lžíce šalvěje; Nakrájený na kostičky
- 1 lžíce olivového oleje
- 2 lžičky Sůl
- 2 šálky nebělené mouky
- Sprej na vaření

Pokyny

a) Ve velké misce rozpusťte droždí ve vodě a nechte asi 10 minut odpočinout , dokud nezačne bublat. Pomalu vmíchejte celozrnnou mouku, jarní cibulku, rozmarýn, tymián a šalvěj.

b) Vmíchejte olivový olej, sůl a 1½ hrnku bílé mouky a vytvořte tuhé těsto. Vyklopte na lehce pomoučněnou plochu a hněťte 10 minut a podle potřeby přidejte další mouku, aby se nepřilepila. Vytvarujte kouli, vložte do velké, lehce postříkané misky a otočte naolejovanou stranou nahoru.

c) Rozehřejte gril na mírný - horký. Těsto rozdělte na šest kuliček. Na lehce pomoučeném povrchu válejte kuličky na 7 palců

d) Jemně položte chleby na gril a opékejte 2 až 3 minuty na každé straně, občas otáčejte , dokud nebudou dobře označené a zhnědlé.

52. Pepřový grilovaný česnekový chléb

Výtěžek: 8 porcí

Přísada

- 1 Přilepte nesolené máslo; pokojová teplota
- 3 stroužky česneku; lisované
- 1 lžička mletého pepře
- 1 lžička čerstvé citronové šťávy
- 16 segmentů francouzského chleba
- ⅓ šálku olivového oleje

Pokyny

a) Smíchejte první 4 ingredience v malé misce

b) Dochutíme solí

c) Obě strany chleba lehce potřete olejem

d) Grilujte do mírně křupavé a světle hnědé barvy, asi 2 minuty z každé strany.

e) Obě strany chleba potřete česnekovým máslem.

53. Grilovaný chléb Sofrito

Výtěžek: 1 porce

Přísada

- 1 šálek nakrájené červené papriky
- $\frac{1}{2}$ šálku nakrájené cibule
- $\frac{1}{4}$ šálku Zabalené čerstvé snítky koriandru
- 2 stroužky česneku, mleté
- 1 lžička Sušené oregano, rozdrobené
- $\frac{1}{2}$ lžičky semínek kmínu
- 12 segmentů nemastného chleba

Pokyny

a) V mixéru rozmixujte všechny ingredience kromě chleba do hladka. V malém těžkém hrnci povařte sofrito za stálého míchání 3 minuty a dochuťte solí a pepřem.

b) Rozprostřete na 1 stranu každého segmentu chleba a grilujte sofritovou stranou dolů na postřikovači Pam nastaveném 5 až 6 palců nad žhavé uhlíky až do zlatohnědé, asi 2 minuty.

54. Grilované hříbky se žloutky

Výtěžek: 4 porce

Přísada

- 2 libry čerstvých hříbků
- 3 lžíce extra panenského olivového oleje plus
- 2 polévkové lžíce
- 4 vejce, jumbo

Pokyny

a) Houby nakrájejte na ¼ palce silné a potřete olejem, solí a pepřem. Houby položte na gril a opékejte do měkka a šťavnatosti, asi 2 minuty z každé strany.

b) Mezitím zahřejte zbývající olej na nepřilnavé 12palcové pánvi, dokud nebude jen kouřit

c) Vejce rozklepněte, opatrně, aby zůstaly nerozbité žloutky, na pánev a vařte vejce, dokud bílky neztuhnou. Vyjměte pánev z ohně a nechte 3 minuty odpočinout. Vyjměte houby na servírovací talíř.

d) vrch žampionů opatrně položíme žloutky a ihned podáváme.

55. Grilujte kukuřičný chléb

Ingredience

- 1 šálek kukuřičné mouky
- 1 hrnek mouky
- 2 lžičky. prášek na pečení
- 3/4 lžičky. sůl
- 1 šálek mléka
- 1/4 šálku rostlinného oleje

Pokyny

a) Smíchejte suché přísady. Vmíchejte tekutiny.

b) Lžící nalijte na dobře vymazaný pekáč

c) Vařte do zpevnění uprostřed .

BRIOCHE

56. Americká brioška

Výtěžek: 16 porcí

Přísada

- ½ šálku mléka
- ½ šálku másla
- ⅓ šálku cukru
- 1 lžička soli
- 1 balení Droždí
- ¼ šálku teplé vody
- 1 vejce; oddělené
- 3 celá vejce; zbitý
- 3¼ šálku mouky; proséval

Pokyny

a) Mléko spařte a ochlaďte na vlažné.

b) Smetanové máslo, postupně přidáváme cukr. Přidat sůl.

c) Změkčte droždí ve vodě.

d) Smíchejte mléko, smetanu a droždí. Přidejte žloutek, celá vejce a mouku a šlehejte vařečkou 2 minuty.

e) Přikryjte a nechte kynout na teplém místě, dokud nezdvojnásobí objem, asi 2 hodiny nebo méně.

f) Promícháme a důkladně prošleháme. Pevně zakryjte fólií a dejte přes noc do lednice.

g) Předehřejte troubu na horkou (425F); umístěte stojan blízko dna.

h) Těsto promícháme a vyklopíme na pomoučněnou desku. Odřízněte o něco méně než jednu čtvrtinu těsta a rezervujte.

i) Zbylé těsto nakrájejte na 16 dílů a vytvarujte stejně velké kuličky.

j) Vložte do dobře vymazané formy na muffiny (hluboké 2 /$\frac{3}{4}$ x 1$\frac{1}{4}$ palce).

k) Menší kousek těsta nakrájejte na 16 kousků a tvarujte hladké kuličky. Prst mírně navlhčete a v každé velké kouli udělejte prohlubeň. Do každé prohlubně umístěte malou kuličku. Přikryjte a nechte na teplém místě kynout, dokud nezdvojnásobí objem, asi 1 hodinu.

l) Zbylý bílek vyšleháme se lžičkou cukru. Přetřete briošku. Pečte do hněda nebo 15 - 20 minut.

57. Pletená brioška

Výtěžek: 1 porce

Přísada

- ⅓ šálku vody
- 2 velká vejce
- 2 velké žloutky
- ¼ libry másla nebo margarínu
- 2½ šálku univerzální mouky
- 3 lžíce cukru
- ½ lžičky soli
- 1 balení Aktivní sušené droždí
- 2 libry bochník:
- ⅓ šálku vody
- 3 velká vejce
- 2 velké žloutky
- ⅜ liber másla nebo margarínu
- 3⅓ šálku univerzální mouky

- ¼ šálku cukru
- ½ lžičky soli
- 1 balení Aktivní sušené droždí

Pokyny

a) Přidejte přísady do pekáčku podle pokynů výrobce.

b) Zvolte cyklus sladké nebo těsto. 3. Na konci cyklu seškrábněte těsto na desku lehce potaženou univerzální moukou. Těsto rozdělte na 3 stejné díly. Pokud děláte 1,5 kilový bochník, srolujte každý kus tak, aby vytvořil provaz dlouhý asi 12 palců.

c) U 2kilového bochníku srolujte každý kus tak, aby vytvořil provaz dlouhý asi 14 palců. Položte provazy rovnoběžně asi 1 palec od sebe na máslem vymazaný plech o rozměrech 14 x 17 palců.

d) Na jednom konci lana sevřete k sobě, volně zaplet'te a pak konec opletu sevřete k sobě.

e) Bochník lehce zakryjte igelitem a nechte na teplém místě asi 35 minut odležet, dokud nenafoukne. Odstraňte plastový obal.

f) Rozšlehejte 1 velký žloutek, aby se smíchal s 1 lžící vody. Potřete cop vaječnou směsí.

g) Pečte cop v troubě vyhřáté na 350 F dozlatova, asi 30 minut. Před krájením vychlaďte na mřížce alespoň 15 minut. Podávejte horké, teplé nebo studené.

58. Ovocná a ořechová brioška

Výtěžek: 6 porcí

Přísada

- 1 lžíce čerstvého droždí
- 150 mililitrů vlažného mléka
- 250 gramů mouky
- 4 vejce rozšlehaná
- 1 špetka soli
- 4 lžíce cukru
- ½ šálku mandlí
- ½ šálku lískových ořechů
- ¼ šálku rozinek nebo sultánek
- ⅓ šálku rybízu
- ⅓ šálku Sušené meruňky, nakrájené na plátky
- Pár ledových třešní
- 170 gramů čistého novozélandského nesoleného krémového másla, změklého, ale nerozpuštěného

Pokyny

a) Předehřejte troubu na 170C. V mléce rozpusťte droždí. Přidáme mouku, vejce, sůl, cukr, ořechy a ovoce. Dobře prošlehejte. přikryjeme a necháme na teplém místě kynout, dokud nezdvojnásobí objem.

b) Prošlápněte, přidejte máslo a dobře prošlehejte, aby nebyly žádné hrudky másla. Nalijte do máslem vymazané formy (směs by měla formu vyplnit do poloviny).

c) Nechte znovu kynout, dokud není forma plná ze $\frac{3}{4}$. Pečeme na 170 C, dokud špejle nevyjde čistá - asi 20-25 minut. Před krájením vychladit Podává 6.

59. Vanilková brioška

Výtěžek: 2 porce

Přísada

- 3 obálky aktivní sušené droždí
- ½ šálku teplého mléka (asi 110 stupňů)
- 1 vanilkový lusk, dělený
- 5 šálků mouky
- 6 vajec
- ½ šálku teplé vody (110 stupňů)
- 3 lžíce cukru
- 2 lžičky Sůl
- 3 tyčinky plus 2 polévkové lžíce
- Máslo, pokojová teplota
- 1 vaječný žloutek, rozšlehaný

Pokyny

a) Předehřejte troubu na 400 stupňů F. Smíchejte droždí a mléko v malé misce a míchejte, aby se droždí rozpustilo. Přidejte 1 hrnek mouky a promíchejte, aby se dobře promíchala. Nožem vyškrábeme vanilkový lusk a dužinu vmícháme do droždí. Necháme asi 2 hodiny uležet při pokojové teplotě na teplém místě bez průvanu, aby prokvasilo.

b) Do velké mísy dejte 2 hrnky mouky. Přidejte 4 vejce, jedno po druhém, s každým přidáním důkladně vklepejte do mouky pomocí dřevěné lžíce. Těsto bude lepkavé, husté a houbovité.

c) Přidejte vodu, cukr a sůl a dobře promíchejte, energicky šlehejte. Přidejte 3 tyčinky másla a rukama jej zapracujte do těsta, dokud nebude dobře promíchané. Přidejte zbývající 2 vejce a dobře vmíchejte do těsta. Přidejte zbývající 2 hrnky mouky a vmíchejte do těsta a prsty rozdrťte případné hrudky. Přidejte kvasnicovou směs.

d) Rukama prohněteme a vložíme předkrm do těsta. Pokračujte v hnětení a skládání, dokud není vše dobře promícháno, asi 5 minut. Těsto bude lepkavé a vlhké. Přikryjeme čistou utěrkou a necháme na teplém místě bez průvanu kynout, dokud nezdvojnásobí svůj objem, asi 2 hodiny.

e) Chcete-li vytvořit bochníky, lehce potřete máslem dvě ošatky o rozměrech 9 x 5 x 3 palce zbývajícími 2 lžícemi másla. Chcete-li vytvořit rohlíky, vymažte 12 standardních košíčků na muffiny. Prsty lehce protlačte těsto. Těsto rozdělte na 2 stejné části a vložte do formiček.

f) Na rohlíky rozdělte těsto na 12 stejných dílů a vložte do košíčků na muffiny. Vršky potřeme žloutkem. Přikryjte a nechte na teplém místě bez průvanu kynout, dokud nezdvojnásobí svůj objem, asi 1 hodinu.

g) Bochníky pečte 25 až 30 minut a rohlíky 20 minut nebo do zlatova. Vyjměte pánve z trouby a ochlaďte na mřížkách. Otočte bochníky nebo rohlíky z formiček a zcela vychladněte na mřížce.

60. bramborové "briošky"

Výtěžek: 1 porce

Přísada

- 1½ libry vařené brambory, oloupané a nakrájené na čtvrtky
- 4 lžíce nesoleného másla, nakrájeného na kousky, při pokojové teplotě
- 3 velké žloutky
- ½ lžičky soli
- Bílý pepř podle chuti
- 1 lžička mléka
- 8 dobře máslem vymazaných miniaturních formiček na briošky o rozměrech 2 1/2 palce napříč, chlazených

Pokyny

a) V konvici zalijte brambory studenou vodou a přiveďte k varu osolenou vodu. Brambory vařte 12 až 15 minut, nebo dokud nezměknou. Brambory sceďte a protlačte je přes rýžovač do mísy.

b) Vmíchejte máslo, 2 žloutky, sůl a bílý pepř a nechte směs vychladnout alespoň 20 minut nebo až 2 hodiny.

c) Předehřejte troubu na 425 stupňů F.

d) Přeneste ¼ šálku směsi na lehce pomoučněnou plochu, lehce pomoučenýma rukama odštípněte kousek o velikosti mramoru a uschovejte. Větší část vyválejte do hladké koule a jemně ji vložte do jedné z vychlazených forem. V horní části koule jemně udělejte mělký zářez, vytvarujte část vyhrazené velikosti mramoru do hladké koule a opatrně ji vložte do zářezu.

e) V malé misce smíchejte poslední žloutek s mlékem a na každou briošku potřete vaječným oplachem, dávejte pozor, aby nespadl ze strany formy. Pečte na plechu 25 až 30 minut, nebo dokud nejsou zlatavě hnědé. Necháme je 20 minut vychladnout na mřížce.

f) Okraje uvolněte kovovou špejlí a otočte, abyste je opatrně vyjímali z formiček.

g) Mohou být vyrobeny jeden den předem. Skladujte chlazené a zakryté a znovu zahřívejte na 400 stupňů F. po dobu 15 minut.

PITA CHLÉB

61. Základní pita

Výtěžek: 24 malých pita

Přísada

- 2 šálky teplé vody
- 2 lžíce droždí
- $\frac{1}{2}$ lžičky cukru
- 2 lžičky Sůl
- 5 hrnků bílé mouky

Pokyny

a) Do velké mísy nalijte vodu a přidejte kvásek. Míchejte a přidejte cukr a sůl. Postupně za stálého míchání přidávejte mouku, dokud není směs hladká. Rukama zapracujte další $\frac{1}{2}$ hrnku mouky a hnětete, dokud se těsto přestane lepit. Hněťte na desce dalších 5 minut.

b) Vytvarujte těsto do obdélníku. Rozřízněte ho podélně napůl a rozdělte na 24 porcí (nebo vytvořte 12 velkých pitas). Z každé části vytvarujte hladkou kouli a každou kouli položte na pomoučený povrch. Přikryjte vlhkým hadříkem. Stiskněte každou kuličku naplocho. Pomocí válečku vyválejte každé kolo od středu ven a otočte těsto o $\frac{1}{4}$ otáčky každého válečku.

c) Malá pita by měla mít průměr 5 až $5\frac{1}{2}$" a tlouštku $\frac{1}{4}$". (Velké by měly mít průměr 8 palců). Otočte pitas a vyhlaďte všechny záhyby.

d) 15 minut před dokončením kynutí bochníků předehřejte troubu na 500 F a rozehřejte nenamazaný plech. Každý bochník položte na pomoučený povrch, přikryjte suchou čistou utěrkou a nechte 30 až 45 minut kynout. Umístěte pitas na horký plech.

e) Pečte na spodní mřížce trouby, dokud nenafouknou a zespodu lehce nezhnědnou, asi 4 minuty pro malé a 3 $\frac{1}{2}$ pro velké. Pokud chcete, otočte pita na druhé straně, aby zhnědla.

f) Vyjměte z trouby a zabalte do suchých ručníků, dokud nevychladnou natolik, aby se s nimi dalo manipulovat.

g) Podávejte teplé nebo při pokojové teplotě.

62. Hovězí pita

Výtěžek: 12 porcí

Přísada

- 2 libry mletého hovězího masa
- 1 střední cibule, nakrájená
- 4 stroužky česneku, mletý
- ½ kila čerstvých hub, nakrájených na plátky
- 1 bobkový list
- 1¼ lžičky soli
- ½ lžičky chilli prášku
- ½ lžičky kmínu v prášku
- ¼ lžičky skořice
- 8 uncí rajčatové omáčky
- Petrželové snítky
- 12 cherry rajčat
- ⅓ šálku burgundského nebo růžového vína
- 1 vejce

- 8 uncí smetanového sýra, měkčeného
- 1 šálek smetanového tvarohu
- ½ šálku rozdrobeného sýra Feta
- ½ šálku nesoleného másla, rozpuštěného
- 8 uncí listů Phyllo
- ¼ šálku suché strouhanky
- Čerstvé ovoce Kabobs

Pokyny

a) Smíchejte mleté hovězí maso, cibuli a česnek ve velké pánvi; vaříme za častého míchání, dokud hovězí maso neztratí růžovou barvu. Slijte kapky.

b) Přidejte houby, bobkový list, sůl, chilli prášek, kmín a skořici; vaříme za častého míchání, dokud houby nezměknou asi 5 minut. Vmíchejte rajčatovou omáčku a víno; vařte přikryté 10 minut za občasného míchání.

c) Odstraňte bobkový list. Při přípravě tvarohové náplně ochlaďte. Smíchejte vejce a smetanový sýr ve střední misce, šlehejte elektrickým mixérem do hladka.

d) Vmícháme tvaroh a feta sýry a promícháme. Potřete 13 x 9palcový pekáč rozpuštěným máslem. Formu vyložte 1 plátem těsta, těsto přizpůsobte obrysu formy. (Těsto vystoupí přes okraje formy.) Potřete pečivo máslem. Navrstvěte další 3 pláty těsta, každý potřete máslem.

e) Navrch rovnoměrně posypte strouhankou. Lžíce ⅕ masové náplně ve vrstvě na drobky a ⅕ sýrové náplně na maso. Na sýrovou náplň položte 1 plát těsta, zkraťte, aby se vešel na vnitřní rozměry pánve; potřeme máslem a navrstvíme ⅕ masa a ⅕ na tvarohové náplně.

f) Opakujte s dalšími 3 pláty těsta, každý namačkejte, potřete máslem a posypte náplní. Spodní konce těsta otočte přes náplň. Navrch hladce položte zbývajících 8 plátů těsta a každý potřete máslem.

g) Pomocí špachtle zastrčte horní pláty pečiva kolem vnitřních okrajů pánve. Ostrým nožem nařízněte na polovinu podélně a na šestiny příčně. (Neprořezávejte.) Pečte v mírné troubě (350 stupňů F.) 1 hodinu nebo dokud není vršek zlatavě hnědý. Před řezáním podél rýhovaných čar ochlaďte alespoň 10 minut. Umístěte cherry rajče na každý z 12 malých dřevěných trsátek a vložte trsátko do středu každé porce.

h) Ozdobte petrželkou. Jednotlivé porce ozdobte podle potřeby čerstvým ovocem.

63. Zlatý chléb pita

VÝNOS 8 pitas

Ingredience

- 3 šálky (360 g) nebělené víceúčelové mouky King Arthur
- 2 lžičky instantního droždí
- 2 lžičky Easy Roll Zlepšovák těsta
- 2 lžičky krystalového cukru
- 1 1/2 lžičky (9 g) soli
- 1 šálek (227 g) vody
- 2 polévkové lžíce (25 g) rostlinného oleje

Pokyny

a) Zvažte mouku; nebo jej jemným nabíráním lžičkou do šálku a poté smetením přebytečného množství. Smíchejte mouku se zbytkem ingrediencí a promíchejte, abyste vytvořili chlupaté/hrubé těsto.

b) Těsto hněteme ručně (10 minut) nebo mixérem (5 minut) nebo v pekárně (nastavené na cyklus těsta), dokud není hladké.

c) Těsto dejte do lehce vymazané mísy a nechte 1 hodinu odpočívat; bude to docela nafouklé, i když se nemusí zdvojnásobit. Pokud jste použili pekárnu na chleba, jednoduše nechte stroj dokončit svůj cyklus.

d) Těsto vyklopte na lehce naolejovanou pracovní plochu a rozdělte na 8 dílů.

64. Domácí řecká pita

Ingredience

- 1 lžička krystalového cukru
- Dva 1/4 oz. balíčky aktivní sušené droždí
- 13-1/2 oz. (3 šálky) nebělená víceúčelová mouka; spíše na utírání prachu
- 13-1/2 oz. (3 šálky) celozrnné mouky
- 2 lžičky košer nebo mořské soli; spíše na posypání
- 1/3 šálku plus 2 lžíce. extra panenský olivový olej

Pokyny

a) Vypracujte těsto: V tekuté odměrce rozmíchejte cukr v 1 hrnku vlažné vody. Vmíchejte kvásek a odstavte, dokud kvásek nezpění, 5 až 10 minut.

b) V míse stojanového mixéru smíchejte obě mouky a sůl. Uprostřed udělejte důlek a do důlku nalijte kvasnicovou směs, 1/3 šálku oleje a 1 šálek vlažné vody.

c) Hnětacím hákem při nízké rychlosti míchejte, dokud těsto nebude hladké a elastické a nenashromáždí se kolem háku, 4 až 5 minut.

d) Rukou z těsta vytvarujte kouli. Vymažte mísu a vložte těsto zpět do mísy. Těsto pokapeme zbylými 2 PL. olejem a těsto otočte, aby se po celém povrchu lehce obalilo.

e) Přikryjeme utěrkou a necháme na teplém místě kynout, dokud nezdvojnásobí svůj objem, asi 1 hodinu.

f) Těsto rukama jemně vyfoukněte, přikryjte a nechte 20 minut odpočívat.

g) Tvarujte pitas: Těsto vyklopte na lehce pomoučněnou desku. Těsto rozdělte na 12 stejných kousků, asi 3-3/4 oz. každý.

h) Z každého kusu vytvarujte hrubou kouli a poté každou kouli položte na nepomoučenou část pultu, položte na ni ruku a rychle otočte rukou nad těstem. Dokud je těsto trochu přilepené k desce, tímto pohybem se těsto vytvaruje do těsné, rovnoměrně kulaté koule.

i) Na pomoučené části pultu rozválejte každý kousek do 1/8 palce silného kola o průměru asi 7 palců. Až dokončíte každé kolo, dejte ho stranou na lehce pomoučený povrch. Když je všechno těsto vyválené, přikryjte kolečka vlhkou utěrkou (nebo dvěma) a nechte je znovu asi 1 hodinu odpočívat – trochu nafouknou, ale nezdvojnásobí svůj objem.

j) Mezitím umístěte stojan na dno trouby a zahřejte troubu na 500 ° F.

k) Pečte pitas: Kolečka těsta lehce posypte solí. Uložte tolik koleček, kolik se vám vejde, aniž by se překrývaly, na nepomazaný plech a pečte, dokud pitas nezačnou navrchu zlátnout, 5 až 6 minut. Jakmile každá várka vyjde z trouby, naskládejte pitas 3 nebo 4 vysoko a zabalte je do čistých kuchyňských utěrek.

l) Ihned podávejte nebo nechte vychladnout na pokojovou teplotu. Dobře zabalené vydrží 3 dny v lednici nebo 6 měsíců v mrazáku. Před podáváním prohřejte v teplé troubě, aby změkla.

FOCACCIA

65. Jablečná focaccia

Výtěžek: 8 porcí

Přísada

Těsto:

- 1 malé jablko zbavené jádřinců a rozčtvrcené
- 2 hrnky nebělené bílé mouky plus asi 2 čajové lžičky na hnětení
- ¼ lžičky skořice
- 1 lžíce cukru nebo 2 t medu
- 1 Scant t rychle kynoucí kvasnice
- ¼ lžičky soli
- ⅓ až 1/2 C horké vody z vodovodu
- ⅓ šálku rozinek

Plnicí:

- 4 střední jablka
- Šťáva z ½ citronu
- Špetka bílého pepře
- Zaštípněte hřebíček

- Špetka kardamomu
- Špetka muškátového oříšku
- Špetka mletého zázvoru
- 1 t. vanilkový extrakt
- ¼ až ⅓C. cukr nebo med
- ¼ až ½ C. hnědý cukr nebo
- 2 T melasy
- 1 t. kukuřičný škrob

Glazura:

- 2 T. meruňkový džem nebo zavařeniny
- 1 t. voda

Pokyny

Těsto:

a) Rozčtvrcené jablko zpracujte v kuchyňském robotu asi 20 sekund; přeneste do samostatné misky.

b) Přidejte do kuchyňského robotu 2 C. mouku, skořici, cukr nebo med, droždí a sůl; proces 5 sekund. Přidejte zpracované jablko; proces po dobu dalších 5 sekund. Při běžícím procesoru postupně přidávejte ⅓C horkou vodu přes přívodní trubici. Zastavte stroj a nechte těsto asi 20 sekund odpočinout. Pokračujte ve zpracovávání a postupně přidávejte vodu přes plnicí trubici, dokud těsto nevytvoří měkkou kouli a stěny mísy nebudou čisté. Pulsujte 2 nebo 3krát vícekrát.

c) Na čistý povrch nasypte rozinky a 1 T mouky. Vyklopte těsto na povrch a hněťte asi 1 minutu, aby se do něj přidaly rozinky. Pokud je těsto velmi lepivé, přidejte mouku.

d) Lehce mouka uvnitř plastového sáčku. Těsto vložte do sáčku, uzavřete a nechte 15 až 20 minut odpočívat na teplém a tmavém místě.

e) Těsto vyválejte do kruhu o průměru 12 až 14 palců. Vložíme do olejem vymazané pánve nebo pekáče. Přikryjte kuchyňskou utěrkou a odložte na teplé místo, zatímco budete připravovat náplň. Předehřejte troubu na 400 stupňů.

Plnicí:

f) Jablka zbavte jádřince a nakrájejte na tenké plátky. Plátky jablek pokapeme citronovou šťávou. Přidejte zbývající přísady na náplň a dobře promíchejte.

g) Lžící plnění do těsta. Pečte 20 minut, poté otočte pánev o 180 stupňů. Snižte teplotu trouby na 375 stupňů a pečte dalších 20 minut, nebo dokud jablka nezhnědnou. Ochlaďte na pánvi 5 minut. Vyjměte z pánve a důkladně vychlaďte na mřížce.

Glazura:

h) V malém hrnci rozpusťte džem nebo zavařeniny. Přidejte vodu a za intenzivního míchání přiveďte k varu. Potřeme polevou jablka a podáváme.

66. Základní focaccia

Výtěžek: 4 porce

Přísada

- 2¼ čajové lžičky aktivního sušeného droždí
- 3 šálky chlebové mouky
- ½ lžičky soli
- ½ lžičky cukru
- 1 šálek vody; Plus
- 2 lžíce vody
- 1 lžíce olivového oleje
- 2 lžíce extra panenského olivového oleje
- 2 lžičky hrubé soli
- Čerstvě mletý černý pepř

Pokyny

a) Postup stroje (pro pekárnu na 2 šálky chleba): Všechny přísady musí mít pokojovou teplotu, pokud není uvedeno jinak.

b) Přidávejte přísady, kromě polevy, v pořadí uvedeném v návodu k obsluze vaší pekárny. Nastavte pekárnu na těsto/ruční nastavení. Na konci programu stiskněte clear/stop. Chcete-li těsto prorazit, stiskněte start a nechte hníst 60 sekund. Stiskněte znovu clear/stop. Těsto vyjměte a před ručním tvarováním nechte 5 minut odpočinout.

c) Pokud vaše pekárna nemá nastavení na těsto/ruční nastavení, postupujte podle normálního postupu při pečení chleba, ale těsto nechte hníst pouze jednou. Na konci hnětacího cyklu stiskněte clear/stop. Nechte těsto kynout 60 minut a po prvních 30 minutách zkontrolujte, zda těsto nevykyne a nedotýká se víka. Stiskněte start a nechte stroj běžet po dobu 60 sekund, aby se těsto prorazilo.

d) Stiskněte znovu clear/stop. Těsto vyjměte a před ručním tvarováním nechte 5 minut odpočinout.

e) Technika ručního tvarování: Posypte ruce moukou. Konečky prstů těsto rovnoměrně rozprostřete do pekáče o rozměrech 13 x 9 x 1 palce lehce vymazaného olejem. Přikryjte čistou kuchyňskou utěrkou. Necháme kynout, dokud nezdvojnásobí výšku, asi 30 až 60 minut.

f) Předehřejte troubu na 400 F. Do povrchu kynutého těsta udělejte konečky prstů lehké zářezy. Potřete extra panenským olivovým olejem a posypte hrubou solí a černým pepřem.

g) Pečte na spodní mřížce trouby přibližně 30 až 35 minut nebo do zlatohněda. Nechte vychladnout na pánvi. Nakrájejte na dvanáct stejných kousků a podávejte při pokojové teplotě.

67. Bazalková spirálová focaccia

Výtěžek: 8 porcí

Přísada

- 2½ lžičky Aktivní suché droždí
- ½ šálku teplé vody
- ½ šálku Plus
- 2 polévkové lžíce vody; pokojová teplota
- ½ šálku extra panenského olivového oleje jemné chuti
- 500 gramů nebělené hladké mouky
- 1½ lžičky mořské soli (až)
- 3 lžíce lehkého extra panenského olivového oleje
- 1 velký svazek čerstvé bazalky; asi 1,5 až 2 šálky těsně zabalených listů
- 1 lžíce extra panenského olivového oleje

Pokyny

a) Do teplé vody ve velké míse rozšlehejte droždí; necháme odstát, dokud nebude krémová, asi 10 minut. Vmíchejte vodu o pokojové teplotě a olej.

b) Pokud těsto děláte ručně, smíchejte mouku a sůl, přidejte je ve 2 přídavcích a míchejte, dokud se těsto dobře nespojí. Na lehce pomoučené ploše hněteme 4 až 5 minut, těsto necháme krátce odpočinout a ještě minutu až dvě doděláme. Těsto bude měkké a jemné jako ušní lalůček.

c) Pokud používáte výkonný elektrický mixér, pomocí lopatkového nástavce vmíchejte mouku a sůl do droždí, dokud nevytvoří těsto. Přepněte na hnětací hák a hněťte 2 až 3 minuty, nebo dokud není těsto jemné jako ušní lalůček.

d) PRVNÍ KYNUTÍ: Těsto vložte do lehce olejem vymazané nádoby, pevně ji přikryjte plastovou fólií a nechte kynout, dokud se nezdvojnásobí, asi 1 hodinu až 1 hodinu a 15 minut.

e) TVAROVÁNÍ A DRUHÉ KYSNUTÍ: Těsto vyklopte na lehce pomoučněnou pracovní plochu a vyválejte ho lehce pomoučeným válečkem na obdélník o rozměrech 12 × 18 palců, který je silný asi ¼ palce. Těsto se snadno vyválí a snadno opraví, pokud by se roztrhlo. Chcete-li vyplnit, natřete 2 až 3 lžíce olivového oleje na vršek těsta - nezapomeňte jej důkladně, i hojně pomazat - a poté povrch zakryjte hustým kobercem bazalkových lístků.

f) Těsto srolujte od dlouhého konce jako roládu. Velmi dobře naolejujte 10 x 4palcovou angel-food trubkovou pánev a vložte do ní těsto stranou se švem dolů.

g) Pečení: Nejméně 30 minut předtím, než plánujete péct, předehřejte troubu na 200C/400F s pečicím kamenem uvnitř, pokud jej máte.

h) " sfoglierata " potřete 1 lžící olivového oleje. Pánev položte přímo na kámen a pečte dozlatova asi 40 minut. Nechte 15 nebo 20 minut vychladnout, poté zasuňte čepel dlouhého tenkého nože nebo špachtle mezi „ sfoglierata " a strany pánve a středovou trubku, aby se uvolnila. Umístěte na stojan. Podávejte teplé.

68. Stroj na chléb focaccia

Výtěžek: 2 kola

Přísada

- 1 balení (1/4 oz.) aktivní sušené droždí
- 3 šálky chlebové mouky
- 1 lžička cukru
- 1 šálek plus 2 polévkové lžíce vlažné vody
- 3 lžíce extra panenského olivového oleje
- 1 lžíce košer soli
- Listy ze 2 snítek rozmarýnu

Pokyny

a) Droždí, mouku, cukr, sůl a vlažnou vodu smíchejte v nádobě stroje v pořadí doporučeném výrobcem vašeho pekárny.

b) Nastavte stroj na cyklus těsta, a pokud máte možnost, režim francouzského chleba nebo bílého chleba. Zavřete kryt a spusťte stroj.

c) Když je těsto hotové a stroj signalizuje konec cyklu, přeneste těsto na lehce pomoučněnou plochu a rozdělte ho na polovinu.

d) Každou polovinu vytvarujte do kulatého kotouče a přeneste kotouče na 1 velký nebo 2 malé plechy na pečení. Zakryjte plastovým obalem a nechte kynout, dokud nezdvojnásobí objem, obvykle 45 minut až 1 hodinu. (Nebojte se, pokud to bude trvat tak dlouho jako 2 hodiny.)

e) Zatlačte na disk a každý z nich rozprostřete do 8 až 9 palců tlustého asi ½ palce. Použijte své klouby k důlku v horní části těsta. Přikryjte a nechte stranou, dokud nevykyne a nafoukne, asi 45 minut; opět až 2 hodiny jsou v pořádku.

f) Předehřejte troubu na 425 F. Těsně před pečením použijte klouby k opětovnému důlku na povrchu každé focaccie. Kolečko pokapeme olejem a zadní částí lžíce ho rozetřeme do důlků. Focacciu posypte košer solí a navrch rozmarýnu rozsypejte.

g) Focacciu pečte v horní třetině trouby asi 18 minut, nebo dokud nejsou vršky zlatavé a spodky lehce opečené a křupavé.

h) Přeneste na mřížku. Nakrájejte na měsíčky a podávejte najednou, nebo nechte vychladnout a zabalte na později.

69. Sýrová focaccia

Výtěžek: 12 porcí

Přísada

- 1 libra bochník mraženého chlebového těsta; rozmražené
- 1 vejce
- 1 šálek tvarohu
- 2 lžíce parmazánu
- ½ lžičky sušené bazalky
- ½ lžičky sušených listů oregana
- ¼ lžičky česnekové soli
- ¼ lžičky pepře
- ¾ šálku připravené pizzové omáčky
- 3 unce mozzarelly

Pokyny

a) Chlebové těsto rozdělte na polovinu. Jednu polovinu vmáčkněte a natáhněte do vymazaného pekáče 13x9", těsto vytlačte po stranách, aby se vytvořil mělký okraj. V míse rozklepněte vejce, vmíchejte zbývající ingredience kromě omáčky na pizzu a mozzarelly.

b) Rovnoměrně rozetřete na těsto. Zbývající polovinu těsta roztáhněte na formu, položte na náplň a přitlačte okraje těsta, aby se úplně utěsnily. Necháme na teplém místě kynout do zdvojnásobení asi 1 hodinu.

c) Na chlebové těsto rovnoměrně rozetřeme omáčku na pizzu, posypeme mozzarellou.

d) Pečte 375, 30 minut, dokud nebudou okraje křupavé a sýr se nerozpustí.

e) Chladit 5 minut. Nakrájejte na čtverečky.

70. Snadná bylinková focaccia

Výtěžek: 24 porcí

Přísada

- 16 uncí balené Hot Roll Mix
- 1 vejce
- 2 lžíce olivového oleje
- ⅔ šálku červené cibule; Jemně nakrájené
- 1 lžička sušeného rozmarýnu; Rozdrcený
- 2 lžičky olivového oleje

Pokyny

a) Lehce namažte dva kulaté pekáče o rozměrech 9 x 1,5 palce, pekáč 15 x 10 x 1 palce nebo 12- až 14palcovou formu na pizzu. Dát stranou.

b) Připravte si hot roll mix podle návodu na obalu pro základní těsto, použijte 1 vejce a 2 polévkové lžíce oleje nahraďte margarínem uvedeným na obalu. Uhněte těsto; nechte odpočívat podle pokynů. Pokud používáte kulaté formy na pečení, rozdělte těsto na polovinu; válet do dvou 9palcových kol.

c) Na pánvi na 2 lžičkách rozpáleného oleje opečte cibuli a rozmarýn do měkka. Konečky prstů vmáčkněte do těsta prohlubně asi každý centimetr.

d) Těsto rovnoměrně posypeme cibulovou směsí. Přikryjte, nechte na teplém místě kynout, dokud nezdvojnásobí svůj objem (asi 30 minut).

e) Pečte v troubě vyhřáté na 375 stupňů 15 až 20 minut nebo dozlatova.

f) Nechte 10 minut vychladnout na mřížce. Vyjměte z pánve a zcela vychladněte.

71. Focaccia-vegetariánská

Výtěžek: 8 porcí

Přísada

- Těsto Focaccia
- ½ libry Špenát, vařený, okapaný
- ½ libry žampionů, nakrájených na plátky
- 2 šálky nízkotučného sýra ricotta,
- 4 unce Nízkotučného sýra mozzarella
- ¼ šálku petržele, čerstvé, nasekané
- 1 každý bílek nebo náhražka vajec

Pokyny

a) Sýr ricotta sceďte. Těsto vyválejte na obdélník 12x9. Potřete špenátem, pak ricottou, pak žampiony a nakonec sýrem mozzarella. Srolovat.

b) Okraje utěsněte bílkem nebo náhražkou vajec. Vytvarujte do kruhu a konce kruhu zalepte bílkem nebo náhražkou vajec. Vrch potřeme vajíčkem. Pečeme na 350 stupňů asi 40 minut.

72. Bylinková cibulová focaccia

Výtěžek: 1 porce

Přísada

- 2¾ šálku univerzální mouky
- 1 balení Rychle kynoucí droždí
- 2½ lžičky sušených listů oregana; rozdrcený
- ½ lžičky soli
- 1 šálek Velmi teplá voda; (120-130)
- ¼ šálku olivového oleje
- 2 lžíce olivového oleje
- 1 vejce
- 1½ šálku cibule nakrájené na tenké plátky
- 1 lžička rozmarýnu; (volitelný)
- 1 lžička hrubé soli; (volitelný)

Pokyny

a) Ve velké míse smíchejte 1-¾ šálku mouky, NEROZPUŠTĚNÉ droždí, oregano a sůl. Do suchých surovin vmícháme vodu a 2 lžíce olivového oleje. Vmícháme vejce a tolik mouky, aby vzniklo tuhé těsto. Přikryjeme necháme 10 minut odpočinout.

b) Mezitím ve velké pánvi přidejte $\frac{1}{4}$ šálku olivového oleje a zahřívejte do horka přidejte cibuli a vařte 3 až 4 minuty, dokud nezměkne, nezhnědne.

c) Dejte stranou mírně vychladnout. S mírně naolejovanýma rukama rozetřete těsto do olejem vymazaného pekáče o rozměrech 13 x 9 x 2 palce. Prstem nebo koncem vařečky udělejte do povrchu těsta malé prohlubně. Odloženou cibulovou směs rovnoměrně rozprostřete na těsto.

d) Podle potřeby posypte hrubou solí a rozmarýnem. Volně přikryjte plastovou fólií a nechte na teplém místě kynout do zdvojnásobení velikosti asi 30 minut a pečte na 400 25 minut, dokud nebude hotovo. podávejte teplé

NAKLÍČENÝ CHLÉB

73. Chléb z dýňových semen vojtěšky

Výtěžek: 15 porcí

Přísada

- 1 balení Droždí
- 2½ šálku lepší pro chlebovou mouku
- 1 hrnek pšeničné mouky
- 2 lžíce lepku
- 1¼ lžičky soli
- ⅓ šálku instantního odtučněného sušeného mléka
- 1 šálek klíčků vojtěšky; 11 oz
- ½ šálku dýňových semínek; balené/zelené nesolené
- 2 lžíce rostlinného oleje
- 1 lžíce medu
- 1½ šálku velmi teplé vody

Pokyny

a) Přidejte všechny ingredience v uvedeném pořadí, vyberte bílý chléb na pekárně a stiskněte "Start".

74. Naklíčit chleba

Výtěžek: 1 porce

Přísada

- ¾ šálku vody
- 2 lžíce margarínu/másla
- 1 lžíce cukru
- 1½ lžičky soli
- ½ šálku naklíčených pšeničných bobulí
- 2½ šálku chlebové mouky
- 3 lžíce odtučněného sušeného mléka
- 1½ lžičky droždí

Pokyny

a) Přibližně 2-3 dny (v závislosti na teplotě), než budete chtít upéct chléb, namočte ½ šálku pšeničných bobulí přes noc ve studené vodě.

b) Použijte sklenici pokrytou gázou nebo nakličovací sklenici. V ranním vypouštění.

c) Opláchněte a sceďte alespoň 2x denně nebo více, dokud se neobjeví „ocásky". Ocasy mohou být dlouhé mezi ⅛-¼ palce.

Klíčky pšeničných bobulí by neměly být delší než samotné bobule.

75. Chléb z pšeničných klíčků

Výtěžek: 2 porce

Přísada

- 2 šálky teplé vody
- 2 lžičky sladu
- 2 lžíce melasy
- 1 lžíce droždí
- 5 šálků tvrdé celozrnné mouky
- $\frac{1}{2}$ libry (asi 2 c) pšeničných klíčků
- 1 lžička soli
- 2 lžíce práškové syrovátky (volitelně)
- 3 lžíce oleje
- $1\frac{1}{2}$ lžíce sójové mouky

Pokyny

a) Smíchejte dohromady vodu, droždí, sladidla a dva hrnky mouky.

b) Nechte uležet, dokud nezhoustne, poté přidejte zbývající ingredience a dobře prohněťte, odložte nebo přidejte trochu mouky, abyste získali dobrou elastickou strukturu.

c) Necháme kynout v olejem vymazané zakryté míse, vytvarujeme bochánky a necháme znovu kynout. Pečte při 350 F po dobu 45 minut.

PLOCHÝ CHLEB

76. Chléb plněný špenátem

VÝNOS: 20-24

Ingredience

- 3 hrnky 100% celozrnné mouky
- 2 šálky čerstvého špenátu, nakrájeného a jemně nasekaného
- 1 šálek vody
- 1 lžička hrubé mořské soli

Pokyny

a) V kuchyňském robotu smíchejte mouku a špenát. Vznikne z toho drobivá směs.

b) Přidejte vodu a sůl. Zpracujte, dokud se z těsta nestane lepivá koule.

c) Těsto přendejte do hluboké mísy nebo na lehce pomoučenou pracovní desku a několik minut hněťte, dokud nebude hladké jako těsto na pizzu. Pokud se těsto lepí, přidejte ještě trochu mouky. Pokud je příliš suché, přidejte ještě trochu vody.

d) Odeberte kousek těsta o velikosti golfového míčku a válejte ho mezi oběma dlaněmi, abyste z něj vytvarovali kouli. Stiskněte jej mezi oběma dlaněmi, aby se mírně srovnal, a rozválejte na lehce pomoučeném povrchu, dokud nebude mít průměr asi 5 palců.

e) Rozpalte těžkou pánev na středně vysokou teplotu. Jakmile je Paratha horká, vložte ji do pánve a zahřívejte 30 sekund, dokud nebude dostatečně pevná na to, aby se mohla převrátit, ale ne úplně tvrdá nebo vysušená.

f) Vařte 30 sekund na opačné straně. Mezitím stranu, která směřuje nahoru, lehce naolejujte, otočte, druhou stranu lehce naolejujte a opékejte obě strany, dokud lehce nezhnědnou.

77. Sýrový a bylinkový plochý chléb

Výtěžek: 2 porce

Přísada

- 1 balení Droždí
- ¼ šálku teplé vody
- 2 lžíce margarínu
- 1 lžíce cukru
- 1½ lžičky soli
- ¾ šálku mléka – opařené
- 3 hrnky univerzální mouky
- 2 lžíce cibule - nakrájená
- ¼ šálku margarínu - rozpuštěného
- ½ lžičky oregana
- ½ lžičky papriky
- ¼ lžičky celerových semínek
- ¼ lžičky česnekové soli
- ½ lžičky bazalky

- 1 šálek sýra Cheddar, nastrouhaný

a) Změkčte droždí ve ¼ šálku teplé vody.

b) V míse smíchejte 2 lžíce margarínu, cukr, sůl a vařené mléko. Ochlaďte až vlažnou.

c) Do mléčné směsi vmícháme droždí. Postupně přidáváme mouku, aby vzniklo tuhé těsto. Možná nebudete potřebovat všechnu mouku. Hněťte na pomoučeném povrchu, dokud nebude hladký a saténový; 4 až 5 minut.

d) Vložte do vymazané mísy a otočte na vrchní vrstvu. Přikryjte a nechte kynout do světla; asi 45 minut.

e) Těsto rozdělte na polovinu. Každý kousek vtlačte do 9palcové koláčové nebo dortové formy.

f) Smíchejte cibuli, ¼ šálku rozpuštěného margarínu, oregano, papriku, celerová semínka, česnekovou sůl a bazalku. Rozetřete na těsto. Rovnoměrně posypeme sýrem. Každý propíchněte na několika místech vidličkou.

g) Nechte kynout asi 30 minut nebo do zesvětlení.

h) Pečte v předehřáté troubě na 375 stupňů 20 až 25 minut dozlatova.

i) Podávejte ještě teplé.

78. Křupavý kukuřičný plochý chléb

Výtěžek: 1 porce

Přísada

- 1 hrnek mouky z hnědé rýže + další na posypání bochníků
- 1½ lžičky granulovaného droždí
- 2 lžičky cukru
- 1½ šálku teplé vody (110F)
- 1 hrnek kukuřičné mouky
- ½ šálku kukuřičného škrobu
- 2 lžičky prášku z xanthamové gumy
- 1 až 1 1/2 lžičky soli
- 2 velká vejce, pokojové teploty
- 1 lžíce kukuřičného oleje

Pokyny

a) Smíchejte ½ šálku rýžové mouky, droždí, cukr a ½ šálku teplé vody ve skleněné odměrce na 2 šálky; promíchejte, aby se spojily, poté nechte na teplém místě odpočinout, dokud nezdvojnásobí svůj objem, asi 10 minut.

b) Velký plech vyložte pečicím papírem a nakreslete na něj dva 8palcové kruhy.

c) Smíchejte zbývající ½ šálku rýžové mouky, kukuřičné mouky, kukuřičného škrobu, prášku z xanthanové gumy a soli ve velké míse; mixovat do mixování.

d) Lehce rozšlehejte vejce; odložte si 1 polévkovou lžíci na kartáčování vršků bochníků. Přidejte zbývající 1 šálek teplé vody a kukuřičný olej do rozšlehaných vajec. Vařečkou vmícháme směs vajec a droždí do mouky a ušleháme do hladka. Pomocí gumové stěrky rozprostřete měkké těsto do kruhů na vyznačeném pečicím papíru a ve středu ho mírně navršte.

e) Bochníky lehce přikryjte tukem vymazaným plastovým obalem a nechte kynout, dokud nezdvojnásobí objem, asi 1 hodinu.

f) Předehřejte troubu na 425 F.

g) Do odloženého rozšlehaného vejce zašlehejte pár kapek vody a potřete bochníky. Lehce popráším rýžovou moukou. Pomocí žiletky nakrájejte vršky bochníků do velkého vzoru diamantové mřížky.

h) Pečte 20 minut, dokud dobře nezhnědnou.

79. Etiopský plochý chléb (injera)

Výtěžek: 15 porcí

Přísada

- 3 šálky Samokypřící mouky
- ½ šálku celozrnné mouky
- ½ šálku kukuřičné mouky nebo masa hariny
- 1 polévková lžíce aktivního suchého droždí
- 3½ šálku teplé vody

Pokyny

a) Promíchejte a nechte ve velké míse zakryté hodinu nebo déle tuhnout, dokud těsto nevykyne a nebude pružné. Může sedět 3-6 hodin.

b) Až budete připraveni, promíchejte těsto, pokud se na dně usadila tekutina. Poté v mixéru ušlehejte 2 šálky těsta najednou a zřeďte je ½ - ¾ šálku vody. Těsto bude docela řídké.

c) Vařte v nepřilnavé pánvi BEZ OLEJE na středním nebo středně vysokém ohni.

d) Použijte ½ šálku těsta na injera pro 12palcovou pánev nebo ⅓ šálku těsta na 10palcovou pánev.

e) Nalijte těsto na rozehřátou pánev a rychle zakružte pánví, aby se těsto rozprostřelo co nejtenčí. Těsto by nemělo být tlustší než $\frac{1}{8}$ palce. Nepřevracejte se. Injera se snadno nepřilepí nebo nespálí.

f) Je propečený, když se na povrchu objeví bublinky.

g) Položte každou injeru na čistý ručník na minutu nebo dvě a poté je naskládejte do zakryté nádoby, aby zůstaly teplé.

80. Italský plochý chléb (focaccia)

Výtěžek: 1 porce

Přísada

- 2½ šálku víceúčelové mouky; Do 3 C
- 2¼ lžíce aktivního suchého droždí; Nebo Quick Rise Ano
- 1 lžíce cukru
- 1 lžíce Sůl
- 1 šálek teplé vody
- 1 lžíce oleje
- ½ šálku nakrájené cibule
- 2 lžíce másla nebo margarínu
- ¼ lžičky cukru
- ⅛ lžíce soli

Pokyny

a) Ve velké míse mixéru smíchejte 1½ c. mouky, droždí, 1 T. cukru a 1 t.

b) sůl; dobře promíchejte. Do směsi mouky přidejte vodu a olej. Míchejte při nízké rychlosti, dokud nezvlhne; šlehejte 3 minuty při střední rychlosti.

c) Rukou postupně vmícháme tolik zbylé mouky, aby vzniklo tuhé těsto. Na pomoučeném povrchu hněteme 5 až 8 minut, podle potřeby přidáváme mouku. Umístěte do vymazané mísy, otočte na tukem vršek. Pokrýt; necháme na teplém místě kynout asi 40 minut (20 minut u droždí Quick Rise).

d) Připravte si cibulovou polevu. Na malé pánvi orestujte na másle cibuli do měkka.

e) Vmíchejte ⅓ t. cukru a ⅛ t. sůl.

f) Udělejte těsto. Na lehce pomoučené ploše z těsta vytvarujte kouli.

g) Umístěte na vymazaný plech. Vyrovnejte na 10palcový kruh. Stolním nožem vyřízněte z těsta kruh asi 1 palec od okraje, který proříznete téměř až na plech. Střed propíchněte vidličkou. Napíchané těsto potřeme cibulovou polevou.

h) Pokrýt; necháme na teplém místě kynout asi 30 minut (15 minut u rychlého kynutí). Pečeme na 375 st. po dobu 25 až 30 minut dozlatova.

TORTILLAS

81. Modré kukuřičné tortilly

Výtěžek: 4 porce

Přísada

- 1½ šálku modré kukuřičné mouky
- 1½ šálku vroucí vody
- ¾ až 1 šálek univerzální mouky

Pokyny

a) Modrá kukuřice je jednou z mnoha různých odrůd kukuřice pěstované indiány kmene Hopi a Pueblo. Jeho barva se pohybuje od šedé přes modrou až po téměř černou a používá se do chleba, knedlíků, omáček a nápojů. Modré kukuřičné tortilly se tradičně vyrábějí bez soli, jak je uvedeno níže, protože se předpokládá, že sůl maskuje plnou, ale jemnou chuť modré kukuřice.

b) Tyto tortilly jsou k jídlu měkké a vůbec ne tvrdé. Protože obsahují trochu pšeničné mouky, je s nimi také poměrně snadná manipulace; můžete je vyklepat rukou a v případě potřeby je vyválet na rovnoměrnou tloušťku. Rychle se vaří v horké nenamazané pánvi a poté se zabalí do ručníku, aby zůstaly měkké a teplé, dokud nejsou připraveny ke konzumaci.

c) Budete potřebovat středně velkou mísu, pánev nebo těžkou pánev o průměru alespoň 8 palců a váleček.

d) Vložte kukuřičnou krupici do misky a zalijte vroucí vodou. Míchejte, aby se dobře promíchalo. Nechte patnáct minut sedět. Smíchejte v půl šálku univerzální mouky. Tuto směs vyklopte na prkénko vysypané ¼ šálku mouky. Hněťte 2 až 3 minuty a do těsta přidejte ¼ šálku mouky (a pokud je to nutné, použijte trochu více). Těsto bude měkké, ale vůbec ne pevné. Vraťte těsto do mísy a přikryjte. Necháme 30 minut odpočinout. Těsto rozdělte na osm kusů.

e) Mezi dobře pomoučenými dlaněmi z každé z osmi udělejte ploché kulaté placičky a dejte stranou. Zahřejte pánev na středně vysokou teplotu a před vařením první tortilly se ujistěte, že je horká.

f) Na dobře pomoučeném povrchu (protože těsto je docela lepivé) opatrně vyválejte tortillu, dokud nebude mít průměr přibližně 7 až 8 palců. (Nejjednodušší je těsto nejprve vyklepat prsty nebo mezi dlaněmi a až nakonec tortillu vyválet, aby byla stejnoměrná na tloušťku).

g) Tortillu vařte jako pšeničnou tortillu, přibližně jednu minutu z každé strany. Tortilly budou z obou stran flekaté hnědé. Po uvaření vyjměte a zabalte do kuchyňské utěrky. Naskládejte jeden na druhý.

82. Sýrové a kukuřičné tortilly

Výtěžek: 6 porcí

Přísada

- 16 uncí Nízkotučný tvaroh
- 1 šálek konzervované kukuřice
- 6 uncí Strouhaný sýr čedar se sníženým obsahem tuku
- ¼ šálku nakrájené zelené cibule
- 2 lžíce nasekaného čerstvého koriandru
- ¼ lžičky mexického koření
- 6 moučných tortil (6")
- ½ šálku salsy

Pokyny

a) Předehřejte troubu na 350 Vymastěte 9 x 13palcovou zapékací misku Smíchejte prvních 6 ingrediencí, ale ponechte si ½ šálku sýru čedar Lžící asi ½ šálku směsi do středu každé rolky tortilly a zarovnejte do zapékací mísy švem dolů

b) Navrch položte salsu a zbývající ½ šálku sýru čedar Pečte při 350 °C 30 minut

83. Kukuřičné tortilly

Výtěžek: 12 porcí

Přísada

- 2 šálky směsi tortilly z kukuřičné mouky
- 1¼ šálku vody; Teplý

Pokyny

a) Rukama promíchejte tortillovou směs a vodu, dokud nebude veškerá tortillová směs navlhčená a těsto vyčistí stranu mísy. Přikryjte vlhkým ručníkem; nechte 10 minut odpočinout. Rozdělte těsto na 12 1-palcových kuliček. Pro každou tortillu položte 1 kuličku na voskovaný papírový čtverec; mírně zploštit.

b) Zakryjte dalším čtvercem z voskovaného papíru. Srolujte do 6palcového kruhu. Odloupněte vrchní voskovaný papírový čtverec. Zahřejte nenamazanou pánev nebo gril na středně vysokou teplotu, dokud nebude horká.

c) Vložte tortillu na pánev, voskovaný papír stranou nahoru. Vařte 30 sekund; okamžitě odstraňte voskovaný papír. Pokračujte ve vaření tortilly, dokud není kolem okraje suchá, asi 1 minutu. Otočte a opékejte z druhé strany do sucha, asi

2 minuty. naskládejte tortilly a mezi každou vložte voskovaný papír. Přikryjte vlhkým ručníkem.

84. Tortilly z mouky bez tuku

Výtěžek: 12 tortill

Přísada

- 4 šálky univerzální mouky
- 2 lžičky prášku do pečiva
- $1\frac{1}{2}$ lžičky soli
- 4 lžíce majonézy bez tuku
- $1\frac{1}{4}$ šálku horké vody

Pokyny

a) Ve velké míse smíchejte mouku, prášek do pečiva a sůl. Dobře promíchejte. Přidejte majonézu bez tuku a použijte mixér na pečivo (nebo vidličku) a mixujte, dokud se směs mouky nezdá být hrubá.

b) Přidejte horkou vodu a dobře promíchejte. Vmíchejte extra mouku. Zakryjte a nechte 10 minut stát.

c) Železný rošt nastavte na střední až středně vysokou teplotu. Odtrhněte kousek těsta, vyválejte do koule (asi $2\frac{1}{2}$").

d) Na dobře pomoučené desce vyválejte těsto do co možná nejtenčí kruhové ploché formy (tloušťka menší než $\frac{1}{8}$") o průměru přibližně 6". Pokud se těsto lepí, přidejte více mouky. Tortillu položte na rozehřátou pánev a nechte mírně probublávat. zahřívejte asi 1-2 minuty.

e) Otočte tortillu a opékejte druhou stranu přibližně o 1 minutu déle. Pokud tortilla na proměnlivých místech zhnědla a nemá texturu podobnou těstu, je hotovo.

85. Domácí moučné tortilly

Výtěžek: 1 porce

Přísada

- 5 šálků mouky
- 3 lžičky prášku do pečiva
- 2 lžičky Sůl
- ¼ šálku oleje
- 2¼ šálku horké vody

Pokyny

a) Předehřejte pánev nebo těžkou pánev na střední teplotu. Ve velké míse smícháme mouku, prášek do pečiva, sůl a olej.

b) Tuto směs pracujte asi 1 minutu. Po troškách přidávejte horkou vodu, dokud nevznikne měkké těsto. Těsto by mělo být pevné a elastické; pokud se lepí, přidejte ještě trochu mouky.

c) Přikryjte a nechte 5 minut odpočívat. Z těsta vytvarujte ploché, tlusté kuličky o průměru asi 2,5 palce. Vyválejte jeden po druhém válečkem a vytvarujte kruhy o průměru asi 6 palců. Rolujte pouze na jedné straně; těsto nepřevracejte, nebo by se lepilo.

d) Každý kruh položte na několik sekund na rozpálenou pánev, dokud nezačne hnědnout. Otočte a opečte druhou stranu. Tortilly naskládejte na sebe. Nemažte grilovací rošt.

e) Pomocí špachtle nebo prstů otáčejte tortilly během vaření.

86. Nízkotučné tortilla chipsy

Výtěžek: 48 žetonů

Přísada

- Sprej na vaření zeleniny
- 8 6palcových moučných nebo kukuřičných tortill
- Sůl, opt.
- Česnekový prášek, opt.
- Chilli prášek, opt.

Pokyny

a) postříkejte plechy na pečení sprejem. každou tortillu nakrájejte na šest klínků; položte klíny v jedné vrstvě na plech. lehce postříkejte sprejem na vaření a poté posypte podle chuti solí, česnekovým práškem nebo chilli práškem.

b) pečeme 10 až 12 minut v předehřáté troubě na 350°F. nebo do křupava.

87. Španělská tortilla

Výtěžek: 6 porcí

Přísada

- 3 Brambory oloupané a nakrájené na plátky
- 4 střední vejce
- 4 lžíce olivového oleje
- Sůl podle chuti

Pokyny

a) Na pánvi rozehřejte olej, snižte teplotu a brambory pomalu opékejte, dokud nejsou docela měkké. Často je otáčejte a „krájejte" lžící nebo kovovou špachtlí.

b) Oškrábejte pánev, aby se nic nepřilepilo. Uvařené brambory zvedněte do mísy, přidejte rozšlehaná vejce a sůl, zlehka promíchejte a vraťte na pánev (pokud nezbyde, přidejte trochu oleje). Vařte pomalu, dokud se na povrchu nezačnou objevovat bublinky, nebo se bude zdát napůl uvařená.

c) V případě potřeby sejměte z pánve špachtlí. Nahoru položte talíř, otočte tortillu na pánev a poté ji vysuňte na pánev, aby se opékala na druhé straně. Po dokončení by měl být pevný. Odstraňte z pánve stejným způsobem.

88. Celozrnné tortilly

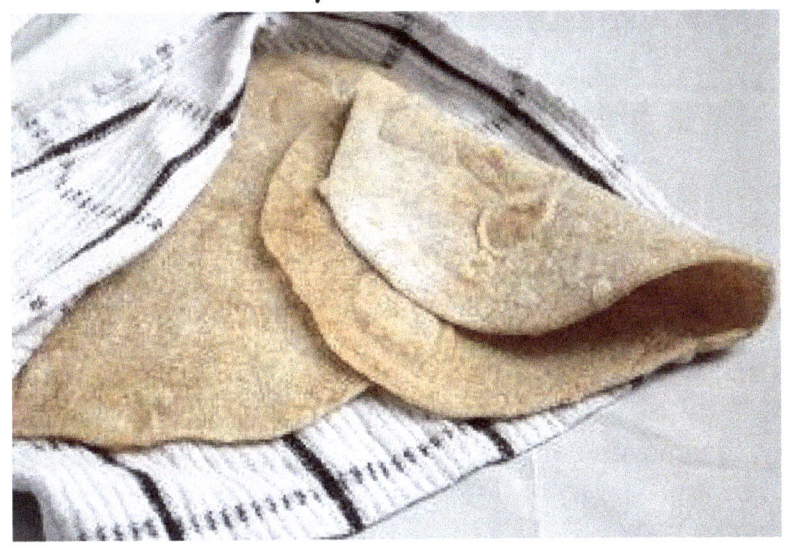

Výtěžek: 6 porcí

Přísada

- ½ šálku celozrnné chlebové mouky
- ½ šálku celozrnné mouky
- ¼ lžičky soli
- 1½ lžičky sezamového oleje
- ½ šálku horké vody
- Další mouka/hnětení

Pokyny

a) Ve středně velké míse smíchejte mouku a sůl. Zakápněte olejem a vidličkou rovnoměrně rozetřete. Přidejte vodu a směs míchejte, aby vzniklo těsto.

b) Těsto vyklopte na lehce pomoučněnou plochu a přikryjte utěrkou. Umyjte a lehce namažte misku.

c) Těsto důkladně prohněteme, na hnětací plochu zlehka přisypáváme mouku jen podle potřeby, aby se těsto nelepilo.

Když je těsto hladké a pružné, vytvarujte kouli, vraťte do mísy a přikryjte vlhkou utěrkou a talířem.

d) Těsto rozdělte na 6 stejných kuliček. Při práci s jednou kuličkou mějte ostatní zakryté. Pomocí válečku vyválejte každou kuličku do kruhu o průměru 9 až 10 palců. Stohujte mezi voskovaný papír a kryt.

e) Zahřejte nevymaštěnou, ale dobře ochucenou pánev, dokud voda nezačne prskat.

f) Umístěte tortillu na pánev a vařte 20 sekund, dokud dno lehce nezhnědne a na povrchu se neobjeví bublinky. Otočte a vařte dalších 15 až 20 sekund – tortilla by měla být stále měkká a vláčná.

g) Ihned zabalte do látkové utěrky a přikryjte obrácenou miskou.

h) Stejným způsobem uvařte a zabalte zbývající tortilly. Podávejte teplé.

KUKURIČNÍ HLOUB

89. Apalačský kukuřičný chléb

Výtěžek: 6 porcí

Přísada

- 1 hrnek univerzální mouky
- 1 šálek kukuřičné mouky
- 2 lžíce cukru
- 4 lžičky prášku do pečiva
- 1 lžička soli
- 1 šálek mléka
- ¼ hrnku oleje (babička použila rozpuštěné sádlo)
- 1 vejce; mírně ubitý

Pokyny

a) Formu 8x8 (nebo litinovou pánev) bohatě vymažte tukem a vložte do trouby, aby se zahřála, zatímco budete míchat chléb.

b) Ve střední misce smíchejte mouku, kukuřičnou mouku, cukr, prášek do pečiva a sůl.

c) Vmíchejte zbývající ingredience a ručně šlehejte JEN, dokud se dobře nepromíchají.

d) Nalijte těsto do horké, připravené pánve. Pečte 18–22 minut, nebo dokud párátko zapíchnuté do středu nevyjde čisté.

e) Nakrájíme na čtverečky a podáváme horké.

90. Modrý kukuřičný chléb

Výtěžek: 1 pánev

Přísada

- 1 šálek modré kukuřičné mouky
- 1 hrnek univerzální mouky
- 3 lžíce cukru
- 2 lžičky prášku do pečiva
- $\frac{1}{2}$ lžičky soli
- 5⅓ lžíce nesoleného másla, změkčeného
- 1 vejce
- $1\frac{3}{4}$ šálku mléka

Pokyny

a) Předehřejte troubu na 325 stupňů F. Vymažte 9-X-13palcový pekáč nebo 2 kukuřičné pánve.

b) Ve velké míse smíchejte kukuřičnou krupici, mouku, cukr, prášek do pečiva a sůl.

c) V samostatné misce smíchejte máslo, vejce a mléko.

d) Postupně vmícháme mokré ingredience do suchých. Dobře promíchejte.

e) Těsto nalijte do připravené formy a pečte do zpevnění 25 až 30 minut, pokud používáte obdélníkový pekáč, nebo 15 až 20 minut, pokud používáte pánve s kukuřičnými tyčinkami.

91. Sýrový kukuřičný chléb

Výtěžek: 18 porcí

Přísada

- 3 šálky žluté kukuřičné mouky mleté kameny
- 3 šálky nebělené mouky
- 2½ lžíce prášku do pečiva
- 2 lžíce cukru
- 1½ lžičky soli
- 5 vajec
- ¾ šálku světlicového nebo kukuřičného oleje
- 3½ šálku podmáslí
- 2 šálky sýra čedar ostrý, nastrouhaný

Pokyny

a) V míse smíchejte kukuřičnou mouku, mouku, prášek do pečiva, cukr a sůl; dobře promíchejte. Zvlášť rozšleháme vejce s olejem a podmáslím.

b) Přidejte se sýrem do směsi kukuřičné mouky, míchejte jen tolik, aby se všechny přísady dobře promíchaly. Lžící vložte do dvou 8 x 12" vymazaných pekáčů.

c) Pečte v předehřáté troubě na 425 stupňů 20 až 25 minut, nebo dokud kukuřičný chléb nezhnědne po okrajích a nebude pevný na dotek. Nakrájíme na čtverečky a podáváme horké.

92. Karibský kukuřičný chléb habanero

Výtěžek: 9 porcí

Přísada

- 1 šálek žluté kukuřičné mouky
- 1 šálek mouky; všechny účely
- 1 lžíce cukru
- 2½ lžičky prášku do pečiva
- ½ lžičky soli
- ¼ šálku salátového oleje
- 1 velké vejce
- 1 plechovka Smetanová kukuřice; (8 1/2 oz.)
- ½ šálku obyčejného nízkotučného jogurtu
- ½ šálku sýra Monterey jack; skartované
- 2 lžíce chilli papričky Habanero ; mletý
- 2 lžíce chilli papričky Anaheim; mletý

Pokyny

a) Ve velké míse promíchejte kukuřičnou mouku, mouku, cukr, prášek do pečiva a sůl.

b) Přidejte olej, vejce, kukuřici, jogurt, sýr, habaneros a míchejte, dokud nebudou ingredience rovnoměrně navlhčené.

c) Nalijte těsto do naolejované 8palcové čtvercové pánve. Pečte v 375 F. troubě, dokud chléb není zlatavě hnědý a nezačne se tahat ze stran pánve, 30-35 minut.

93. Mrkvový kukuřičný chléb

Výtěžek: 9 porcí

Přísada

- 1 šálek mouky, univerzální
- 1 šálek kukuřičné mouky
- ¼ šálku cukru
- 3 lžičky prášku do pečiva
- 1 lžička soli
- ¼ šálku másla, změkl
- 1 vejce; zbitý
- 2 středně velké mrkve; oloupané a nastrouhané
- 1 šálek podmáslí

Pokyny

a) Prosejte prvních 5 ingrediencí; nakrájíme na máslo, dokud se směs nespojí. Dát stranou.

b) Smíchejte vejce, mrkev a podmáslí; přidejte do směsi kukuřičné mouky, dobře promíchejte.

c) Lžící nalijte těsto do lehce vymazaného 9" čtvercového pekáče. Pečte při 425 stupních po dobu 20 minut nebo do lehkého zhnědnutí. Mírně vychladněte; pro podávání nakrájejte na čtverce.

94. Brokolicový kukuřičný chléb

Výtěžek: 18 porcí

Přísada

- 2 krabičky Jiffy směs kukuřičného chleba
- 1 Krabice mražené nakrájené brokolice
- 4 vejce, rozšlehaná
- ½ šálku nakrájené cibule
- ¾ šálku tvarohu

Pokyny

a) Vyprázdněte směs kukuřičného chleba do mixovací nádoby. Přidáme rozmraženou brokolici, vejce, cibuli a tvaroh.

b) Míchejte lžící, dokud se všechny ingredience nespojí.

c) Nalijte do vymazané misky 9" x 13".

d) Pečte při 400 °C v předehřáté troubě 30 minut nebo dokud není vrch lehce hnědý.

95. Bazalkový kukuřičný chléb

Výtěžek: 16 porcí

Přísada

- 1 šálek kukuřičné mouky
- 1 šálek nebělené mouky
- 2 lžíce granulovaného cukru
- 4 lžičky prášku do pečiva
- ¾ lžičky soli
- ¼ lžičky černého pepře
- 1 bílek, ušlehaný
- 1 šálek odstředěného mléka
- ¼ šálku jablečné omáčky
- 3 lžíce bazalky

Pokyny

a) Předehřejte troubu na 350 st.

b) Připravte si 8" čtvercový pekáč se sprejem na vaření a moukou. V míse smíchejte kukuřičnou mouku. mouku, cukr, prášek do pečiva, sůl a pepř. V jiné míse smíchejte bílek, mléko, jablečný protlak a bazalku. Smíchejte suché ingredience s mokrými ingrediencemi jen do navlhčení Těsto rozetřeme do připravené formy.

c) Pečte 18 až 22 minut, nebo dokud není vršek světle zlatý.

96. Základní kukuřičný chléb

Výtěžek: 8 porcí

Přísada

- 2 šálky kukuřičné mouky
- ½ šálku celozrnné mouky
- ⅓ šálku ovesné mouky
- ⅓ šálku jáhlové mouky
- 4 lžičky prášku do pečiva
- 2 šálky rýžového mléka
- 4 lžíce mražené jablečné šťávy
- Koncentrovat, rozmrazit
- 3 lžičky náhražky vajec, dobře rozšlehané se 4 lžícemi vody

Pokyny

a) Předehřejte troubu na 375 stupňů. Kukuřičnou mouku, mouku a prášek do pečiva smícháme a dáme stranou. Zbylé ingredience smícháme dohromady a nalijeme na suché ingredience. Krátce složte dohromady. Nalijte do nepřilnavé 8palcové čtvercové pánve.

b) Pečte 30 minut, nebo dokud párátko zapíchnuté do středu nevyjde čisté.

97. Kukuřičný chléb s chilským sýrem

Výtěžek: 16 porcí

Přísada

- 1 šálek žluté kukuřičné mouky
- 1 hrnek univerzální mouky
- 1 polévková lžíce (plus 1 lžička) Prášek do pečiva
- ¼ lžičky soli
- ¼ šálku sušeného odtučněného mléka
- 1 lžíce cukru
- 1 šálek vody
- ½ šálku Náhražka zmrazených vajec, rozmražená
- 2 lžíce rostlinného oleje
- ¾ šálku (3 oz.) ZDRAVÝ VÝBĚR Shreds čedaru bez tuku
- 1 plechovka (4 oz.) Nasekané zelené chilli papričky scezené
- Sprej na vaření zeleniny

Pokyny

a) Smíchejte prvních 6 ingrediencí ve střední misce; Uprostřed směsi udělejte důlek.

b) Smíchejte vodu, náhražku vajec a olej; přidejte k suchým přísadám a míchejte, dokud nezvlhnou.

c) Vmíchejte sýr a zelené chilli , těsto nalijte do 8palcové čtvercové zapékací misky potažené sprejem na vaření. Pečte při 375 stupních 30 minut nebo dozlatova.

98. Kukuřičný chléb z černého pepře

Výtěžek: 12 porcí

Přísada

- 1-pintová žlutá kukuřičná mouka
- 1-litrová univerzální mouka
- ¼ šálku cukru
- 3 lžíce prášku do pečiva
- 2 lžičky Sůl
- ¼ šálku čerstvě mletého černého pepře
- 1-litrové mléko
- 4 média Vejce; Dobře ubitý
- ¼ šálku rozpuštěného másla

Pokyny

a) Předehřejte troubu na 400 ° F: Máslem 8-palcovou čtvercovou pánev s 2-palcovými vysokými stranami.

b) Smíchejte dohromady prvních 6 ingrediencí ve velké míse.

c) V malé misce smíchejte mléko s vejcem a rozpuštěným máslem. Nalijte mléčnou směs na suché přísady a míchejte, dokud nezvlhnou; nepřemíchejte. Lžící nalijte těsto do připravené pánve.

d) Pečte kukuřičný chléb, dokud nebude světle hnědý a tester nevyjde čistý, asi 25 minut.

e) Vychlaďte kukuřičný chléb na pánvi. Kukuřičný chléb nalámejte a rozdrobte, rozložte na pekáč a před použitím na nádivku nechte 24 hodin zaschnout.

99. Černá pánev kukuřičný chléb

Výtěžek: 1 porce

Přísada

- 1 vejce, lehce rozšlehané
- 2 nakládané Jalapenos, mleté
- 1 šálek jemné kukuřičné mouky
- 1 hrnek mouky
- 1 polévková lžíce cukru
- 1 lžička prášku do pečiva
- ½ lžičky jedlé sody
- sůl
- 1 šálek podmáslí
- ½ šálku mražené kukuřice – rozmražené
- 1 hrnek strouhaného pomerančového sýra Cheddar
- 2 polévkové lžíce rozpuštěného másla

Pokyny

a) Předehřejte troubu na 375 stupňů. Namažte 9-10palcovou litinovou pánev nebo 9palcovou čtvercovou pánev.

b) Ve velké míse smíchejte kukuřičnou mouku, mouku, cukr, prášek do pečiva, jedlou sodu a sůl.

c) V tekutém 2 šálku nebo malé misce smíchejte vejce a podmáslí.

d) Směs podmáslí vmícháme do suchých surovin. Přidejte kukuřici, ⅔ šálku sýra Cheddar a mleté Jalapenos.

e) Vmícháme rozpuštěné máslo a jemně promícháme. Nalijte těsto do připravené pánve a posypte zbývajícím sýrem čedar. Pečte 20–25 minut, nebo dokud se nerozbije a vložený nůž nevyjde čistý.

f) Nechte 5 minut vychladnout a vyjměte z formy na chladicí mřížku.

100. Apalačský kukuřičný chléb

Výtěžek: 6 porcí

Přísada

- 1 hrnek univerzální mouky
- 1 šálek kukuřičné mouky
- 2 lžíce cukru
- 4 lžičky prášku do pečiva
- 1 lžička soli
- 1 šálek mléka
- $\frac{1}{4}$ hrnku oleje (babička použila rozpuštěné sádlo)
- 1 vejce; mírně ubitý

Pokyny

g) Formu 8x8 (nebo litinovou pánev) bohatě vymažte tukem a vložte do trouby, aby se zahřála, zatímco budete míchat chléb.

h) Ve střední misce smíchejte mouku, kukuřičnou mouku, cukr, prášek do pečiva a sůl.

i) Vmíchejte zbývající ingredience a ručně šlehejte JEN, dokud se dobře nepromíchají.

j) Nalijte těsto do horké, připravené pánve. Pečte 18–22 minut, nebo dokud párátko zapíchnuté do středu nevyjde čisté.

k) Nakrájíme na čtverečky a podáváme horké.

ZÁVĚR

Cílem pekařů je přeměnit škrob z mouky relativně bez chuti na sladkou, vícevrstvou příchuť nebo vyvolat ze zrna maximální chuťový potenciál a zároveň pochopit, jak manipulovat s časem a teplotou ve všech fázích výroby chleba. Ruce, oči, uši, čich, smysly, kreativní doteky a zkušenosti pekaře také hrají roli v konečném úspěchu každého receptu.

Výroba chleba doma byla tradičně dovedností, kterou znali všichni domácí kutilové. V dnešní době to není tak populární, ale nikdy nebylo jednodušší začít! Umět upéct chutný chléb pro vás a vaši rodinu je vážně obohacující a zdravý koníček. Je to také něco, co se stále učíte. Znalostí není nikdy příliš a i zkušení profesionální pekaři se učí každý den.

www.ingramcontent.com/pod-product-compliance
Lightning Source LLC
Chambersburg PA
CBHW070508120526
44590CB00013B/784